11
K 34

Manque la planche 6 Arnaud
24 janv. 1889.

VOYAGE
A
L'ISLE DE FRANCE.
TOME SECOND.

VOYAGE
A
L'ISLE DE FRANCE,
A L'ISLE DE BOURBON,
AU CAP DE BONNE ESPÉRANCE, &c.

Avec des Observations nouvelles sur la Nature & sur les Hommes,

PAR UN OFFICIER DU ROI.

TOME SECOND.

A AMSTERDAM;

Et se trouve à Paris,

Chez Merlin, Libraire, rue de la Harpe;
à Saint Joseph.

M. DCC. LXXIII.

VOYAGE
A
L'ISLE DE FRANCE.

LETTRE XIX.

Départ pour France. Arrivée à Bourbon. Ouragan.

Après avoir obtenu la permission de retourner en France, je me disposai à m'embarquer sur l'Indien, vaisseau de 64 canons.

Je donnai la liberté à *Duval*, cet esclave qui portoit votre nom; je le confiai à un honnête homme du pays, jusqu'à ce qu'il eût acquitté par son travail quelque argent dont il étoit redevable à l'Administration.

S'il eût parlé François, je l'aurois gardé avec moi. Il me témoigna par ses larmes le regret qu'il avoit de me quitter. Il m'y paroissoit plus sensible qu'au plaisir d'être libre. Je proposai à *Cote* d'acheter sa liberté, s'il vouloit s'attacher à ma fortune. Il m'avoua qu'il avoit dans l'isle une maîtresse dont il ne pouvoit se détacher. Le sort des esclaves du Roi est supportable: il se trouvoit heureux, c'étoit plus que je ne pouvois lui promettre. J'aurois été très-aise de ramener mon pauvre favori dans sa Patrie; mais quelques mois avant mon départ on me prit mon chien. Je perdis en lui un ami fidele que j'ai souvent regretté.

Quelques jours avant de partir je revis *Autourou*, cet insulaire de Taïti, que l'on ramenoit dans son païs, après lui avoir fait connoître les mœurs de l'Europe. Je l'avois trouvé à son passage, franc, gai, un peu libertin. A son retour, je le voyois réservé, poli & maniéré. Il étoit en-

Insulaire de Taïti.

chanté de l'Opéra de Paris, dont il contrefaisoit les chants & les danses. Il avoit une montre dont il désignoit les heures par leur usage. Il y montroit l'heure de se lever, de manger, d'aller à l'Opéra, de se promener, &c. Cet homme étoit plein d'intelligence. Il exprimoit par ses signes tout ce qu'il vouloit. Quoique les hommes de Taïti passent pour n'avoir eu aucune communication avec les autres Nations avant l'arrivée de M. de Bougainville, j'observai, cependant, un mot de leur langue, & un usage qui leur est commun avec différents Peuples. *Matté*, en langue Taïtienne veut dire tuer. Le *matté* des Espagnols, le *mat* des Persans a la même signification. Ils ont aussi coutume de se dessiner la peau, comme beaucoup de Peuples de l'ancien & du nouveau continent. Ils connoissoient le fer, qu'ils n'avoient pas ; ils l'appelloient *aurou*, & en demandoient avec empressement ; ils avoient des maladies vénériennes, qui vien..

A ij

nent, dit on, du nouveau monde. Mais toutes ces analogies ne fuffifent pas pour remonter à l'origine d'une Nation. Les folies, les befoins, les maux de l'efpéce humaine paroiffent naturalifés chez tous les Peuples. Un moyen plus fûr de les diftinguer feroit la connoiffance de leurs langues. Toutes les Nations de l'Europe mangent du pain, mais les Ruffes l'appellent *gleba*, les Allemands *broth*, les Latins *panis*, les bas-Bretons *bara*. Un Dictionnaire Encyplopédique des Langues feroit un ouvrage très-philofophique.

Autourou paroiffoit s'ennuyer beaucoup à l'Ifle de France. Il fe promenoit toujours feul. Un jour je l'apperçus dans une méditation profonde. Il regardoit à la porte de la prifon un Noir efclave, à qui on rivoit une groffe chaîne autour du cou. C'étoit un étrange fpectacle pour lui, qu'un homme de fa couleur, traité ainfi par des blancs, qui l'avoient comblé de bienfaits à Paris; mais il ne fçavoit pas que ce font les passions des hommes qui les portent au-delà des mers, & que la morale, qui les balance en Europe, reste en-deçà des tropiques.

Je m'embarquai le 9 Novembre 1770; plusieurs Malabares vinrent m'accompagner jusqu'au bord de la mer. Ils me souhaiterent, en pleurant, un prompt retour. Ces bonnes gens ne perdent jamais l'espérance de revoir ceux qui leur ont rendu quelque service. Je reconnus parmi eux un maître Charpentier qui avoit acheté mes livres de géométrie, quoiqu'il sçût à peine lire. C'étoit le seul homme de l'Isle qui en eût voulu.

Départ de l'Isle de France.

Nous restâmes onze jours en rade retenus par le calme. Le 20 au soir nous appareillâmes, & le 21 à trois heures après midi nous mouillâmes à Bourbon, dans la rade de Saint-Denis.

Arrivée à Bourbon.

Cette Isle est à 40 lieues sous le vent de l'Isle de France. Il ne faut qu'un jour pour aller à Bourbon, & souvent un mois pour en revenir. Elle paroît de loin comme une portion de sphère. Ses montagnes sont fort élevées. On y cultive, dit-on, la terre à huit-cents toises de hauteur. On donne seize-cents toises d'élevation au sommet des trois salasses, qui sont trois pics inaccessibles.

Ses rivages sont très-escarpés ; la mer y roule sans cesse de gros galets, ce qui ne permet qu'aux pirogues d'aborder sans se briser. On a construit à Saint-Denis, pour le débarquement des chaloupes, un pont-levis soutenu par des chaînes de fer. Il avance sur la mer de plus de quatre-vingts pieds. A l'extrémité de ce pont est une échelle de corde où grimpent ceux qui veulent aller à terre. Dans tout le reste de l'isle on ne peut débarquer qu'en se jettant à l'eau.

Comme l'Indien devoit rester trois semaines au mouillage pour charger du caffé, plusieurs passagers résolurent de passer quelques jours dans l'isle, & d'aller même attendre à Saint-Paul, sept lieues sous le vent, que notre vaisseau vînt y completer sa cargaison.

Je me décidai comme eux à cette démarche par la disette de vivres où nous nous trouvions à bord, & par l'exemple du Capitaine & d'un grand nombre d'Officiers de différents vaisseaux.

Le 25 après-midi je m'embarquai seul dans une petite iole, & malgré la brise qui étoit très-violente, à force de gouverner à la lame, je débarquai au pont. Nous fûmes une heure & demie à faire ce trajet, qui n'a pas une demi-lieue.

Je fus saluer l'Officier - Commandant. *Descente* Il m'apprit qu'il n'y avoit point d'auberge *à Bourbon* à Saint-Denis ni dans aucun endroit de l'Isle, que les étrangers avoient coutume de loger chez ceux des habitans avec lesquels ils faisoient quelque commerce. La nuit s'approchoit, & n'ayant aucune affaire à traiter, je me préparois à retourner à bord lorsque cet Officier m'offrit un lit.

Je fus enfuite faluer M. de Cremon, commiffaire ordonnateur, qui m'offrit fa maifon pour le tems que je voudrois paffer à terre. Cette offre me fut d'autant plus agréable que j'avois envie de voir le volcan de Bourbon, où je fçavois que M. de Cremon avoit fait un voyage.

Mais je n'en ai pas trouvé l'occafion. Le chemin en eft très-difficile, peu d'habitans le connoiffoient, & il falloit s'abfenter de Saint-Denis fix ou fept jours.

Du 25 jufqu'au 30 la brife fut fi forte que peu de chaloupes de la rade vinrent à terre. Notre Capitaine profita d'un moment favorable pour retourner à fon bord, où fes affaires l'appelloient, mais le mauvais tems l'empêcha de redefcendre.

Cette brife, qui vient toujours du fud-eft, fe leve à fix heures du matin & finit à dix heures du foir. Dans cette faifon elle duroit le jour & la nuit avec une violence égale.

Le premier Décembre le vent s'appaisa, mais il s'éleva de la pleine mer une lame monftrueufe qui brifoit fur le rivage avec tant de violence que le fentinelle du pont fut obligé de quitter fon pofte.

Le haut des montagnes fe couvroit de nuages épais qui n'avoient point de cours. Le vent foufflòit encore un peu de la partie du fud-eft, mais la mer venoit de l'oueft. On voyoit trois groffes lames fe fuccéder continuellement, on les diftinguoit le long de la côte comme trois longues collines. Il fe détachoit de leur partie fupérieure des jets d'eau qui formoient une efpece de criniere. Elles s'élançoient fur le rivage en formant une voûte, qui fe roulant fur elle-même s'élevoit en écume à plus de cinquante pieds d'élévation.

Ouragan.

On refpiroit à peine, l'air étoit lourd, le ciel obfcur, des nuées de corbigeaux & de paillencus venoient du large & fe refugioient fur la côte. Les oifeaux de terre & les animaux paroiffoient inquiets.

Les hommes mêmes sentoient une frayeur secrette à la vue d'une tempête affreuse au milieu du calme.

Le 2 au matin le vent tomba tout-à-fait & la mer augmenta; les lames étoient plus nombreuses & venoient de plus loin. Le rivage battu des flots, étoit couvert d'une mousse blanche comme la neige, qui s'y entassoit comme des ballots de coton. Les vaisseaux en rade fatiguoient beaucoup sur leur cable.

On ne douta plus que ce ne fût l'ouragan. On tira bien avant sur la terre les pirogues qui étoient sur le galet; & chacun se hâta de soutenir sa maison avec des cordes & des solives.

Il y avoit au mouillage, l'Indien, le Penthievre, l'Amitié, l'Alliance, le Grand Bourbon, le Gérion, une Gaulette & un petit Batteau. La côte étoit bordée de monde qu'attiroit le spectacle de la mer & le danger des vaisseaux.

Sur le midi le Ciel se chargea prodigieusement, & le vent commença à fraîchir du sud-est. On craignit alors qu'il ne tournât à l'ouest, & qu'il ne jettât les vaisseaux sur la côte. On leur donna de la batterie, le signal du départ, en hissant le pavillon, & tirant deux coups de canon à boulet. Aussitôt ils couperent leurs cables & appareillerent. Le Penthievre abandonna sa chaloupe, qu'il ne put rembarquer. L'Indien mouillé plus au large, fit vent arriere sous ses quatre voiles majeures. Les autres s'éloignerent successivement. Des Noirs qui étoient dans une chaloupe se réfugierent à bord de l'Amitié. Le petit Batteau & la Gaulette se trouvoient déja dans les lames, où ils disparoissoient de temps-en-temps; ils sembloient craindre de se mettre au large, enfin ils appareillerent les derniers, attirant à eux l'inquiétude & les vœux de tous les spectateurs. Au bout de deux heures toute cette flotte disparut dans le nord-ouest au milieu d'un horison noir.

Départ de l'Indien.

A trois heures après midi, l'ouragan se déclara avec un bruit effroyable; tous les vents soufflerent successivement. La mer battue, agitée dans tous les sens, jettoit sur la terre des nuages d'écumes, de sable, de coquillages & de pierres. Des chaloupes qui étoient en radoub à cinquante pas du rivage furent ensevelis sous le galet; le vent emporta un pan de la couverture de l'église, & la colonnade du gouvernement. L'ouragan dura toute la nuit, & ne cessa que le 3 au matin.

Le 6, les deux premiers navires qui revinrent au mouillage furent le petit Bateau & la Gaulette; ils apportoient une lettre du Penthievre qui avoit perdu son grand mât de perroquet. Pour eux ils n'avoient éprouvé aucun accident. En tout, les petites destinées sont les plus heureuses.

Le 8, le Gérion parut. Il avoit relâché à l'Isle de France; il nous apprit que la tempête y avoit fait périr à l'ancre, la Flutte du Roi, la Garonne.

Enfin, jufqu'au dix-neuf on eut fuccef-
fivement nouvelle de tous les vaiffeaux,
à l'exception de l'Amitié & de l'Indien.
La force & la grandeur de l'Indien fem-
bloient le mettre à l'abri de tous les évènemens, & nous ne doutâmes pas qu'il
n'eût continué fa route pour faire fes
vivres au Cap de Bonne-Efpérance, &
de-là aller en France. Je fçavois d'ailleurs
que c'étoit le projet du Capitaine.

Le 19 au matin on fignala un vaiffeau;
c'étoit la Normande, Flutte du Roi; elle
paffa devant Saint-Denis, & fut mouiller
à Saint-Paul. Elle venoit de l'Ifle de
France, & alloit chercher des vivres au
Cap. Cette occafion nous parut très-favo-
rable. Il y avoit un autre officier avec
moi, nous réfolûmes d'en profiter. Mr.
& Mlle. de Cremon nous firent faire des
lits & du linge pour le bord, & nous
procurerent des chevaux & des guides
pour aller à Saint-Paul. Un de fes parents
nous y accompagna.

Embarras de l'Auteur. Je n'avois descendu à terre qu'un peu de linge ; tous mes effets étoient sur l'Indien.

Nous partîmes le 20 à onze heures du matin. Il y avoit sept lieues à faire. La Flutte partoit le soir ; il n'y avoit pas de tems à perdre. Nous prîmes congé de nos hôtes.

Nos chevaux grimperent d'abord la montagne de Saint-Denis, par des chemins en zig-zag, pavés de pierres pointues. Ils étoient très-vigoureux, & leur pas étoit sûr, quoi qu'ils ne fuffent pas ferrés, *Il part pour Saint-Paul.* suivant l'usage du pays.

A deux lieues & demie de Saint-Denis nous trouvâmes sur le bord d'un ruisseau, à l'ombre de citronniers, un dîner que Mlle. de Cremon nous avoit fait préparer.

Après diner nous descendîmes & montâmes la Grande-Chaloupe. C'est un vallon affreux formé par deux montagnes paralelles & très escarpées ; nous fîmes à pied une partie de ce chemin que la pluie rendoit dangereux. Nous nous trouvâmes au fond entre les deux montagnes, dans une des plus étranges solitudes que j'aie jamais vues ; nous étions comme entre deux murailles, le ciel fur notre tête & la mer fur notre droite. Nous paſſâmes le ruiſſeau & nous parvînmes enfin fur le bord oppoſé de la Chaloupe ; il règne au fond de ce gouffre un calme éternel, quoique le vent ſoit très-frais ſur la montagne.

A deux lieues de Saint-Paul nous entrâmes dans une vaſte plaine ſablonneuſe qui s'étend juſqu'à la ville. Elle eſt bâtie comme celle de Saint-Denis. Ce ſont de grands emplacements bien alignés, entourés de haies, au milieu deſquels eſt une caſe où loge une famille. Ces villes ont l'air de grands hameaux. Saint-Paul eſt ſitué ſur le bord d'un étang d'eau douce, dont on pouroit, peut-être, faire un Port.

Saint-Paul.

Il étoit nuit quand nous y arrivâmes ; nous étions très-fatigués, & nous ne ſçavions où loger, ni même où trouver du pain; car il n'y a point de Boulanger à Saint-Paul.

Mon premier foin fut de parler au Capitaine de la Normande que je trouvai heureufement à terre. Il me dit qu'il ne fe chargeroit point de notre paffage fans un ordre du Gouverneur de l'Ifle de France, qui alors étoit à Saint-Denis; qu'au refte il ne partoit que le lendemain matin.

Snr le champ j'écrivis au Gouverneur & à Mlle. de Cremon. Je donnai mes deux lettres à un Noir, en lui promettant une récompenfe s'il étoit de retour le lendemain à huit heures du matin. Il en étoit dix du foir, & il avoit quatorze lieues à faire. Il partit à pied.

Je fus trouver mes camarades, qui foupoient chez le Garde-Magafin. On nous logea dans une maifon appartenante au Roi. Il n'y avoit d'autres meubles que des chaifes, dont nous fimes des lits; de grand matin nous étions debout. A neuf heures nous

nous vîmes arriver avec les réponses à mes lettres un Noir que mon commissionnaire avoit fait partir à sa place. Je le payai bien, & je fus trouver le Capitaine pour lui remettre la lettre du gouverneur. Quel fut notre étonnement, lorsque nous vîmes qu'il laissoit la chose à sa discrétion !

Enfin après plusieurs négociations, & après avoir donné des billets pour les frais de notre passage, il consentit à nous embarquer. Le départ du vaisseau fut remis au lendemain.

Voici ce que j'ai pu recueillir sur Bourbon. On sçait que ses premiers habitans furent des Pirates qui s'allierent avec des Négresses de Madagascar. Ils vinrent s'y établir vers l'an 1657. La Compagnie des Indes avoit aussi à Bourbon un Comptoir, & un Gouverneur, qui vivoit avec eux dans une grande circonspection. Un jour le Viceroi de Goa vint mouiller à la rade de Saint-Denis, & fut dîner au Gouvernement. A peine venoit-il de mettre pied à terre

De Bourbon.

II. Part. B

qu'un vaiſſeau pirate de cinquante pieces de canon vint mouiller auprès du ſien & s'en empara. Le Capitaine deſcendit enſuite, & fut demander à dîner au Gouverneur. Il ſe mit à table entre lui & le Portugais, à qui il déclara qu'il étoit ſon priſonnier. Quand le vin & la bonne chere eurent mis le Marin de bonne humeur, Monſieur Desforges, (c'étoit le Gouverneur) lui demanda à combien il fixoit la rançon du Viceroi. Il me faut, dit le Pirate, mille piaſtres. C'eſt trop peu, répondit M. Desforges, pour un brave homme comme vous, & un grand Seigneur comme lui. Demandez beaucoup, ou rien. Hé bien ! qu'il ſoit libre, dit le généreux Corſaire. Le Viceroi ſe rembarqua ſur le champ & appareilla, fort content d'en ſortir à ſi bon marché. Ce ſervice du Gouverneur a été récompenſé depuis peu par la Cour de Portugal, qui a envoyé l'Ordre de Chriſt à ſon fils. Le Pirate s'établit enſuite dans l'iſle, & fut pendu long-tems après l'amniftie qu'on avoit publiée en leur faveur, & dans laquelle il avoit oublié de fe faire comprendre. Cette injuftice fut commife par un Confeiller qui voulut s'approprier fa dépouille : mais cet autre fripon, à quelque tems de-là, fit une fin prefque auffi malheureufe, quoique la juftice des hommes ne s'en mêlat pas.

Il n'y a pas long-tems qu'un de ces anciens écumeurs de mer, appellé *Adam*, vivoit encore. Il eft mort âgé de cent-quatre ans.

Lorfque des occupations plus paifibles eurent adoucis leurs mœurs, il ne leur refta plus qu'un certain efprit d'indépendance & de liberté qui s'adoucit encore par la fociété de beaucoup d'honnêtes gens qui vinrent s'établir à Bourbon pour s'y livrer à l'agriculture. On compte 60 mille Noirs à Bourbon & cinq mille habitans. Cette ifle eft trois fois plus peuplée que l'Ifle de France, dont elle dépend pour le commerce extérieur. Elle est auſſi bien mieux cultivée. Elle avoit produit cette année vingt mille quintaux de bled, & autant de caffé, ſans le riz & les autres denrées qu'elle conſume. Les troupeaux de bœufs n'y ſont pas rares. Le Roi paye le cent peſant de bled 15 liv. & les Habitans vendoient le quintal de caffé 45 livres le en piaſtres, ou 70 livres en papiers.

<small>Saint-Denis.</small> Le principal lieu de Bourbon eſt Saint-Denis, où réſide le Gouverneur & le Conſeil. On n'y voit de remarquable qu'une redoute fermée, conſtruite en pierre, mais qui eſt ſituée trop loin de la mer, une batterie devant le Gouvernement, & le pont-levis dont j'ai parlé. Il y a derriere la Ville une grande plaine qu'on appelle *le Champ de Lorraine*.

Le ſol m'a paru plus ſablonneux à Bourbon qu'à l'Iſle de France : il eſt mêlé à quelque diſtance du rivage du même galet roulé dont les bords de la mer ſont couverts; ce qui prouve qu'elle s'en est éloignée, ou que l'isle s'est élevée : ce qui me paroît possible, si l'on en juge par l'inspection des montagnes lésardées & brisées dans leur intérieur. Dans la spéculation sur la Nature, les opinions opposées se présentent toujours avec une vraisemblance presque égale. Souvent les mêmes effets résultent des causes contraires. Cette observation peut s'étendre fort loin, & doit nous porter à être fort modérés dans nos jugemens.

Un vieillard âgé de plus de 80 ans m'assura qu'il avoit été un de ceux qui prirent possession de l'Isle de France, lorsque les Hollandois l'abandonnèrent. On y avoit détaché douze François, qui y aborderent le matin, & dans l'après-midi de ce jour même, un vaisseau Anglois y mouilla dans la même intention.

Les mœurs des anciens habitans de Bourbon étoient fort simples, la plupart des maisons ne fermoient pas. Une serrure même étoit une curiosité. Quelques-uns

Mœurs des Habitants.

mettoient leur argent dans une écaille de tortue au-deſſus de leur porte. Ils alloient nus pieds, s'habilloient de toile bleue, & vivoient de riz & de caffé ; ils ne tiroient preſque rien de l'Europe, contents de vivre ſans luxe pourvû qu'ils vécuſſent ſans beſoins. Ils joignoient à cette modération les vertus qui en ſont la ſuite, de la bonne-foi dans le commerce, & de la nobleſſe dans les procedés. Dès qu'un étranger paroiſſoit, les habitans venoient ſans le connoître lui offrir leur maiſon.

La derniere guerre de l'Inde a altéré un peu ſes mœurs. Les Volontaires de Bourbon s'y ſont diſtingués par leur bravoure ; mais les étoffes de l'Aſie & les diſtinctions militaires de France ſont entrées dans leur iſle. Les enfans plus riches que leur pere veulent être plus conſidérés. Ils n'ont pas crû jouir d'un bonheur ignoré. Ils vont chercher en Europe des plaiſirs & des honneurs en échange de l'union des familles, & du repos de la vie champêtre.

Comme l'attention des peres se porte principalement sur leurs garçons, ils les font passer en France, d'où ils reviennent rarement. Il arrive de-là que l'on compte dans l'isle plus de cinq-cents filles à marier qui vieillissent sans trouver de parti.

Nous nous embarquâmes sur la Normande le 21 au soir. Nous trouvâmes une caisse de vin, de liqueurs, de caffé, &c. que Monsieur & Mademiosselle de Cremon avoient fait mettre à bord pour notre usage. Nous avions trouvé dans leur maison la cordialité des anciens habitans de Bourbon, & la politesse de Paris.

Je suis, &c.

A Bourbon, ce 21 Décembre 1770.

LETTRE XX.

Départ de Bourbon, arrivée au Cap.

Départ de Bourbon.

Nous sortîmes à dix heures du soir de la baye de Saint-Paul. La mer y est plus calme, & le mouillage plus sûr qu'à Saint-Denis, dont la rade est gâtée par une quantité prodigieuse d'ancres abandonnées par les vaisseaux. Leurs cables s'y coupent fort promptement; cependant les marins préferent Saint-Denis.

Dans un coup de vent du large on ne peut sortir de la baye de Saint-Paul; & si un vaisseau étoit jetté en côte, tout l'équipage périroit, la mer brisant sur un sable fort élevé.

Le 23, nous perdîmes Bourbon de vue. Les services que nous avions reçus de Monsieur & de Mlle. de Cremon pendant notre séjour, les vents favorables, une bonne table, & la société d'un Capitaine très-honnête, M. de Rosbos, nous disposoient au plaisir de retrouver l'Indien.

Nous plaignions les passagers de ce vaisseau, qui avoient eu à éprouver le mauvais tems & la disette de vivres.

On compte neuf-cents lieues de Bourbon au Cap. Le 6 Janvier 1771. nous vîmes le matin la pointe de Natal, à dix lieues devant nous. Nous comptions dans trois jours être à bord de l'Indien. Nous avions eu jusqu'à ce jour vent-arriere. Il fit calme le soir, & une chaleur étouffante. A minuit le ciel étoit très-enflammé d'éclairs, & l'horison couvert partout de grands nuages redoublés. La mer étinceloit de poissons qui s'agitoient autour du vaisseau.

A trois heures de nuit le vent contraire s'éleva de l'ouest avec tant de violence qu'il nous obligea de mettre à la cape sous la misaine. La tempête jetta à bord un petit oiseau semblable à une mesange. L'arrivée des oiseaux de terre sur les vaisseaux est toujours signe d'un très-mauvais

<small>Coup de vent.</small>

temps, car c'est une preuve que le foyer de la tempête est fort avant dans les terres.

Mât de Misaine rompu. Le troisième jour du coup de vent, nous nous apperçûmes que notre mât de misaine avoit fait un effort à quatre pieds au-dessus du gaillard ; on serra la voile, on relia le mât de cordages & de piéces de bois, & nous tînmes la cape sous la grande voile.

La mer étoit monstrueuse & nous cachoit l'horison. On fut fort surpris de voir à une portée de canon un vaisseau Hollandois manœuvrant comme nous. Il fut impossible de lui parler. Le cinquième jour le vent s'appaisa. On examina notre mât de misaine qui se trouva absolument rompu. Cet accident nous fit redoubler de vœux pour l'arrivée au Cap.

Le gros temps nous avoit fait perdre du chemin suivant l'ordinaire, il succéda du calme, qui nous fit perdre du temps.

Le 12, nous retrouvâmes le vaisseau Hollandois, & nous lui parlâmes. Il eut la précaution de ne fe laiffer approcher que fes mêches allumées & fes canons détapis : il venoit de Batavia, il alloit au Cap.

Enfin le 16 Janvier nous eûmes l'après-midi la vue du Cap, à tribord. Nous louvoyâmes toute la nuit. Le 17 au matin il s'éleva une brife très-violente. Le Ciel étoit couvert d'une brume épaiffe qui nous cachoit abfolument la terre. Nous allions manquer l'entrée de la Baye, lorfque nous apperçûmes par notre travers, dans un éclairci, un coin de la montagne de la Table. Alors nous ferrâmes le vent, & vers midi nous nous trouvâmes près de la côte, qui eft très-élevée. Elle eft abfolument dépouillée d'arbre; fa partie fupérieure eft à pic, formée de couches de rochers paralelles; le pied eft arondi en croupe. Elle reffemble à d'anciennes murailles de fortifications avec leur talud.

Terre du Cap.

Nous longeâmes la terre. A midi nous nous trouvâmes derriere la montagne du

Lion, qui de loin reſſemble à un Lion en repos. Sa tête eſt détachée & formée d'un gros rocher, dont les aſſiſes repréſentent la criniere. Le corps eſt compoſé de croupes de différentes collines. De la tête du Lion on ſignale les vaiſſeaux par un pavillon.

En cet endroit le vent nous manqua, parce que le Lion nous mettoit à l'abri ; il falloit, pour entrer dans la Baye, paſſer entre l'Iſle Roben, que nous voyions à gauche devant nous, & une langue de terre appellée la pointe aux pendus, qui ſe trouve au pied du Lion. Nous en étions à deux portées de canon, & notre impatience redoubloit. C'eſt de-là que l'on apperçoit le vaiſſeau de la rade, & l'Indien n'en devoit pas être le moins remarquable.

Enfin la marée nous avançant peu-à-peu, nous vîmes, des hunes, ſe développer ſucceſſivement douze vaiſſeaux qui étoient au mouillage ; mais aucun d'eux ne portoit le pavillon François : c'étoit la Flotte de Batavia. *Absence de l'Indien.*

Nous jettâmes l'ancre à l'entrée de la Baye. A trois heures après-midi, le Capitaine du Port vint à bord, & nous assura que l'Indien n'avoit point paru.

Nous voyons au fond de la Baye, la montagne de la Table, la terre la plus élevée de toute cette côte. Sa partie supérieure est de niveau, & escarpée de tous côtés, comme un autel; la ville est au pied, sur le bord de la Baye. Il s'amasse souvent sur la Table, une brume épaisse, entassée & blanche comme la neige. Les Hollandois disent alors que *la nappe est mise*. Le Commandant de la rade hisse son pavillon ; c'est un signal aux vaisseaux de se tenir sur leurs gardes, & une défense aux chaloupes de mettre en mer. Il descend de cette nappe des tourbillons de vent mêlé de brouillard semblable à de *Montagne de la Table.*

longs flocons de laine. La terre eſt obſcurcie de nuages de ſable, & ſouvent les vaiſſeaux ſont contraints d'appareiller. Dans cette ſaiſon, cette briſe ne s'éleve guère que ſur les dix heures du matin, & dure juſqu'au ſoir. Les marins aiment beaucoup la terre du Cap, mais ils en craignent la rade, qui eſt encore plus dangereuſe depuis le mois d'Avril juſqu'en Septembre.

En 1722, toute la Flotte des Indes y périt à l'ancre, à l'exception de deux vaiſſeaux. Depuis ce tems il n'eſt plus permis à aucun Hollandois d'y mouiller au de-là du 6 Mars. Ils vont à Falſebaye où ils ſont à l'abri.

On avoit eſſayé de joindre la pointe aux pendus à l'ıʃle Roben, pour faire de la rade, un Port qui n'eût qu'une ouverture ; mais on a fait des travaux inutiles.

Je comptois deſcendre le ſoir même, mais la briſe m'en empêcha.

De grand matin la Normande fut se mouiller plus près de la ville. Elle est formée de maisons blanches bien alignées, qui ressemblent de loin à de petits châteaux de carte.

Au lever du soleil, trois chaloupes joliment peintes nous aborderent. Elles étoient envoyées par des bourgeois, qui nous invitoient à descendre chez eux pour y loger. Je descendis dans la chaloupe d'un Allemand, qui m'assura que pour mon argent je serois très-bien chez M. Nedling, Aide-de-Camp de la bourgeoisie.

En traversant la rade, je réfléchissois à l'embarras singulier où j'allois me trouver, sans habits, sans argent, sans connoissance, chez des Hollandois, à l'extrémité de l'Afrique. Mais je fus distrait de mes réflexions par un spectacle nouveau. Nous passions auprès de quantité de veaux marins, couchés sans inquiétude sur des paquets de goëmon flottant semblable à ces longues trompes dont les Bergers rappellent leurs troupeaux : des pinguoins nageoient tranquillement à la portée de nos rames, les oiseaux marins venoient se reposer sur les chaloupes, & je vis même, en descendant sur le sable, deux pélicans qui jouoient avec un gros dogue, & lui prenoient la tête dans leur large bec.

Je concevois une bonne opinion d'une terre dont le rivage étoit hospitalier, même aux animaux.

Au Cap, ce 10 Janvier 1771.

LETTRE

LETTRE XXI.

Du Cap. Voyage à Constance & à la montagne de la Table.

LEs rues du Cap sont très-bien alignées. Quelques-unes sont arrosées de canaux, & la plupart sont plantées de chênes. Il m'étoit fort agréable de les voir couverts de feuilles au mois de Janvier. La façade des maisons étoit ombragée de leur feuillage, & les deux côtés de la porte étoient bordés de siéges en brique ou en gason, où des Dames fraîches & vermeilles étoient assises. J'étois ravi de voir enfin des physionomies & de l'architecture Européenne.

Je traversai, avec mon guide, une partie de la place, & j'entrai chez Madame Nedling, grosse Hollandoise, fort gaie. Elle prenoit le thé, au milieu de sept ou huit Officiers de la Flotte, qui fumoient

Du Cap.

leur pipe. Elle me fit voir un appartement fort propre, & m'assura que tout ce qui étoit dans la maison étoit à mon service.

Quand on a vu une ville Hollandoise, on les a toutes vues : de même chez eux, l'ordre d'une maison est celui de toutes les autres. Voici quelle étoit la police de la sienne. Il y avoit toujours dans la salle de compagnie, une table couverte de pêche, de melons, d'abricots, de raisins, de poires, de fromages, de beurre frais, de vin, de tabac & de pipes. A huit heures on servoit le thé & le caffé; à midi un dîner très-abondant en gibier & en poisson; à quatre heures, le thé & le caffé; à huit, un souper comme le diner. Ces bonnes gens mangeoient toute la journée.

Le prix de ces pensions n'alloit pas autrefois à une demi-piastre, ou 50 sols de France par jour, mais des Marins François, pour se distinguer des autres nations, le mirent à une piastre, & c'est aujourd'hui pour eux leur taux ordinaire.

Ce prix eſt exceſſif, vu l'abondance des denrées : il eſt vrai que ces endroits ſont beaucoup plus honnêtes que nos meilleures auberges. Les Domeſtiques de la maiſon ſont à votre diſpoſition ; on invite à dîner qui l'on veut, on peut paſſer quelques jours à la campagne de l'Hôte, ſe ſervir de ſa voiture, tout cela ſans payer.

Après dîner, je fus voir le Gouverneur Monſieur de Tolbac, vieillard de quatre-vingts ans, que ſon mérite avoit placé à la tête de cette Colonie depuis cinquante ans. Il m'invita à dîner pour le lendemain. Il avoit appris ma poſition & y parut ſenſible.

Je fus me promener enſuite au jardin de la compagnie ; il eſt diviſé en grands quarrés arroſés par un ruiſſeau. Chaque quarré eſt bordé d'une charmille de chênes de vingt pieds de hauteur. Ces paliſſades mettent les plantes à l'abri du vent qui eſt toujours très-violent ; on a même eu la précaution de défendre les jeunes arbres des avenues par des éventails de roseau.

Je vis dans ce jardin des plantes de l'Asie & de l'Afrique, mais sur-tout des arbres de l'Europe couverts de fruits dans une saison où je ne leur avois jamais vu de feuilles.

Je me rappellai qu'un Officier de la marine du Roi, appellé le Vicomte du Chaila m'avoit donné en partant de l'Isle de France une lettre pour M. Berg, Secrétaire du Conseil. J'avois cette lettre dans ma poche, n'ayant pas eu le tems de la mettre avec mes autres papiers sur l'Indien : je fus saluer M. Berg, & je lui remis la lettre de mon ami.

Il me reçut parfaitement bien & m'offrit sa bourse. Je me servis de son crédit pour les choses dont j'avois un besoin indispensable. Je lui proposai de me faire passer sur un des vaisseaux de l'Inde : six partoient incessamment pour la Hollande, & les six autres au commencement de mars.

Il m'auſſura que la choſe étoit impoſſible, qu'ils avoient là-deſſus des défenſes très-expreſſes de la Compagnie d'Hollande. Le Gouverneur m'en avoit dit autant, il fallut donc ſe réſoudre à reſter au Cap auſſi long-tems qu'il plairoit à ma deſtinée. J'y avois été conduit par un évènement imprévu, j'eſpérois en ſortir par un autre.

C'étoit pour moi une diſtraction bien agréable qu'une ſociété tranquille, un peuple heureux & une terre abondante en toutes ſortes de biens.

Le fils de M. Berg m'invita à venir à Conſtance, vignoble fameux ſitué à quatre lieues de-là. Nous fûmes coucher à ſa campagne, ſituée derriere la montagne de la Table : il y a deux petites lieues de la Ville. Nous y arrivâmes par une très-belle avenue de châtaigniers. Nous y vîmes des vignobles près d'être vendangés, des vergers, des bois de chênes, & une abondance extrême de fruits & de légumes.

Voyage à Conſtance.

Le lendemain nous continuâmes notre route à Conſtance : c'eſt un coteau qui regarde le nord, (qui eſt ici le côté du ſoleil à midi). En approchant nous traversâmes un bois d'arbres d'argent ; il reſſemble à nos pins, & ſa feuille à celle de nos ſaules. Elle eſt revêtue d'un duvet blanc très-éclatant.

Arbres d'argent.

Cette forêt paroît argentée. Lorſque les vents l'agitent & que le ſoleil l'éclaire, chaque feuille brille comme une lame de métail. Nous paſſâmes ſous ces rameaux ſi riches & ſi trompeurs, pour voir des vignes moins éclatantes, mais bien plus utiles.

Une grande allée de vieux chênes nous conduiſit au vignoble de Conſtance. On voit ſur le frontiſpice de la maiſon une mauvaiſe peinture de la Conſtance, grande fille aſſez laide qni s'appuie ſur une colomne. Je croyois que c'étoit une figure allégorique de la vertu Hollandoiſe : mais on me dit que c'étoit le portrait d'une

Demoiselle *Conſtantia*, fille d'un Gouverneur du Cap. Il avoit fait bâtir cette maiſon avec de larges foſſés, comme un château fort. Il ſe propoſoit d'en élever les étages, mais des ordres d'Europe en arrêterent la conſtruction.

Nous trouvâmes le maître de la maiſon, fumant ſa pipe en robe-de-chambre. Il nous mena dans ſa cave & nous fit goûter de ſon vin. Il étoit dans de petits tonneaux, appellés alverames, contenans 90 pintes, rangés dans un ſouterrain fort propre. Il en reſtoit une trentaine. Sa vigne, année commune, en produit deux-cents. Il vend le vin rouge trente-cinq piaſtres l'alverame, & trente le vin blanc. Ce bien lui appartient en propre. Il eſt ſeulement obligé d'en réſerver un peu pour la Compagnie, qui le lui paye. Voilà ce qu'il nous dit. *Fameux vignoble.*

Après avoir goûté ſon vin, nous fûmes dans ſon vignoble. Le raiſin muſcat que je goûtai me parut parfaitement ſemblable au vin que je venois de boire. Les vignes n'ont point d'échalas, & les grappes font peu élevées fur le fol. On les laiſſe mûrir juſqu'à-ce que les grains ſoient à moitié confits par le foleil. Nous goûtâmes une autre eſpece de raiſins fort doux qui ne font pas muſcats. On en tire un vin auſſi cher, qui eſt un excellent cordial.

Bas-Conſ-tance. La qualité du vin de Conſtance vient de ſon terroir. On a planté des mêmes feps à la même expoſition à un quart de lieue de-là, dans un endroit appellé le Bas-Conſtance: il y a dégénéré. J'en ai goûté. Le prix, ainſi que le goût, en eſt très-inférieur, on ne le vend que douze piaſtres l'alverame; des fripons du Cap en attrapent quelquefois les Étrangers.

Auprès du Vignoble eſt un jardin immenſe, j'y vis la plupart de nos arbres fruitiers en haies & en charmilles, chargés de fruits. Ils font un peu inférieurs aux nôtres, excepté le raiſin que je préfererois. Les oliviers ne s'y plaiſent pas.

Nous trouvâmes au retour de la promenade un ample déjeûner, l'Hôtesse nous combla d'amitié; elle descendoit d'un François réfugié; elle paroissoit ravie de voir un homme de son pays. Le mari & la femme me montrerent devant la maison un gros chêne creux, dans lequel ils dînoient quelquefois. Ils étoient unis comme Philémon & Baucis, & ils paroissoient aussi heureux, si ce n'est que le mari avoit la goutte, & la femme pleuroit quand on parloit de la France.

Depuis Constance jusqu'au Cap, on voyage dans une plaine inculte couverte d'arbrisseaux & de plantes. Nous nous arrêtâmes à Neuhausen, jardin de la compagnie, distribué comme celui de la Ville, mais plus fertile. Toute cette partie n'est pas exposée au vent, comme le territoire du Cap où il élève tant de poussiere, que la plupart des maisons ont de doubles chassis aux fenêtres, pour s'en garantir. Le soir nous arrivâmes à la Ville.

A quelques jours de-là mon hôte, M. Nedling, m'engagea à venir à fa campagne, fituée auprès de celle de M. Berg. Nous partîmes dans fa voiture, attelée de fix chevaux. Nous y paffâmes plufieurs jours dans un repos délicieux. La terre étoit jonchée de pêches, de poires & d'oranges, que perfonne ne recueilloit; les promenades étoient ombragées des plus beaux arbres. J'y mefurai un chêne de onze pieds de circonférence; on prétend que c'eft le plus ancien qu'il y ait dans le pays.

Voyage à Tableberg. Le 3 Février, mon hôte propofa à quelques Hollandois d'aller fur Tableberg, montagne efcarpée au pied de laquelle la Ville paroît fituée. Je me mis de la partie. Nous partîmes à pied, à deux heures après minuit. Il faifoit un très-beau clair de lune. Nous laiffâmes à droite un ruiffeau qui vient de la montagne, & nous dirigeâmes notre route à une ouverture qui eft au milieu, & qui ne paroît de la Ville que comme une léfarde à une grande muraille. Chemin faifant nous entendîmes hurler des loups, & nous tirâmes quelques coups de fufil en l'air pour les écarter ; le fentier eft rude jufqu'au pied de l'efcarpement de la montagne, mais il le devient enfuite bien davantage. Cette fente qui paroît dans la table, eft une féparation oblique qui a plus d'une portée de fufil de largeur à fon entrée inférieure ; dans le haut, elle n'a pas deux toifes. Ce ravin eft une efpece d'efcalier très-roide, rempli de fable & de roches roulées. Nous le grimpâmes, ayant à droite & à gauche des efcarpement du roc, de plus de deux cents pieds de hauteur. Il en fort de groffes maffes de pierre toute prêtes à s'ébouler : l'eau fuinte des fentes, & y entretient une multitude de plantes aromatiques. Nous entendîmes dans ce paffage, les hurlemens des bavians, forte de gros finge, qui reffemble à l'ours.

Après trois heures & demie de fatigue, nous parvînmes fur la table. Le foleil fe levoit de deffus la mer, & fes rayons blanchiffoient, à notre droite, les fommets efcarpés du Tigre, & de quatre autres chaînes de montagnes, dont la plus éloignée paroît la plus élevée. A gauche, un peu derriere nous, nous voyions, comme fur un plan, l'Ifle des Pingouins, enfuite Conftance, la Baye de Falfe & la montagne du Lion : devant nous l'Ifle Roben. La Ville étoit à nos pieds. Nous en diftinguions jufques aux plus petites rues. Les vaftes quarrés du jardin de la Compagnie, avec fes avenues de chênes & fes hautes charmilles, ne paroiffoient que des plates-bandes avec leurs bordures en buis ; la Citadelle, un petit pentagone grand comme la main, & les vaiffeaux des Indes des coques d'amande. Je fentois déjà quelque orgueil de mon élévation, lorfque je vis des aigles qui planoient à perte de vue au-deffus de ma tête.

Il auroit été impoſſible après tout, de n'avoir pas quelques mépris pour de ſi petits objets, & ſurtout pour les hommes qui nous paroiſſoient comme des fourmis, ſi nous n'avions pas eu les mêmes beſoin. Mais nous avions froid & nous nous ſentions de l'appétit. On alluma du feu & nous déjeûnâmes. Après déjeûner nos Hollandois mirent la nappe au bout d'un bâton, pour donner un ſignal de notre arrivée; mais ils l'ôterent une demi-heure après parce qu'on la prendroit, diſoient-ils, pour un pavillon François.

Le ſommet de Tableberg eſt un rocher plat, qui me parut avoir une demi-lieue de longueur ſur un quart de largeur. C'eſt une eſpèce de quarts blanc, revêtu ſeulement par endroits, d'un pouce ou deux de terre noire végétale, mêlée de ſable & de gravier blanc. Nous trouvâmes quelques petites flaques d'eau, formées par les nuages qui s'y arrêtent ſouvent.

Les couches de cette montagne ſont

paralelles; je n'y ai trouvé aucun foſſile. Le roc inférieur eſt une eſpèce de grais, qui à l'air ſe décompoſe en ſable. Il y en a des morceaux qui reſſemblent à des morceaux de pain avec leur croûte.

Quoique le ſol du ſommet n'ait preſque aucune profondeur, il y avoit une quantité prodigieuſe de plantes.

Plantes ſur la montagne de la Table. J'y recueillis dix eſpèces d'immortelles, de petits myrthes, une fougere d'une odeur de thé, une fleur ſemblable à l'impériale d'un beau ponceau, & pluſieurs autres dont j'ignore les noms. J'y trouvai une plante dont la fleur eſt rouge & ſans odeur; on la prendroit pour une tubereuſe. Chaque tige a deux ou trois feuilles tournées en cornet & contenant un peu d'eau. La plus ſinguliere de toutes, parce qu'elle ne reſſemble à aucun végétal que j'aie vu, eſt une fleur ronde en roſe, de la grandeur d'un louis, tout-à-fait plate. Cette fleur brille des plus jolies couleurs. Elle n'a ni tige ni feuille. Elle croît en quantité fur le gravier, où elle ne tient que par des filets imperceptibles. Quand on la manie on ne trouve qu'une fubftance glaireufe. Voici cinq plantes entieres qui affectent dans leur configuration une reffemblance avec une feule partie de ce qui eft commun aux autres.

1°. Le noftoc qui n'eft qu'une *féve*, 2°. un chevelu qui croît fur les orties, & qui reffemble aux *filamens* d'une racine, 3°. le litchen femblable à une *feuille*, 4°. la *fleur* ifolée de Tableberg, 5°. la truffle d'Europe qui eft un *fruit*. Je pourrois y joindre la *racine* de la grotte de l'Ifle de France, fi ce n'étoit pas le feul exemple que j'aie à apporter.

Je ferois très-difpofé à croire que la Nature a fuivi le même plan dans les animaux. J'en connois plufieurs, furtout des marins, qui reffemblent pour la forme à des membres d'animaux.

J'arrivai, en me promenant, à l'extrémité de la Table : de-là je faluai l'océan

Obfervations.

atlantique, car on n'eſt plus dans la mer des Indes après avoir doublé le Cap. Je rendis hommage à la mémoire de Vaſco de Gama, qui oſa le premier doubler ce promontoire des tempêtes. Il eût mérité que les marins de toutes les Nations y euſſent placé ſa ſtatue, & j'y eus fait volontiers une libation de vin de Conſtance, pour ſa patience héroïque. Il eſt douteux cependant que Gama ſoit le premier navigateur qui ait ouvert cette route au commerce des Indes. Pline rapporte qu'Hannon fit le tour depuis la mer d'Eſpagne juſqu'en Arabie, comme on peut le voir, dit-il, dans les Mémoires de ce voyage qu'il a laiſſés par écrit. Cornelius Nepos dit avoir vu un Capitaine de Navire, qui, fuyant la colere du Roi Lathyrus, vint de la mer rouge en Eſpagne. Long-tems auparavant Cœlius Antipater aſſuroit qu'il avoit connu un Marchand Eſpagnol qui alloit, par mer, trafiquer juſques en Éthiopie.

Quoi

À L'ISLE DE FRANCE. 49

Quoi qu'il en soit, le Cap si redou- *Montagne du Cap.* té des marins par sa mer orageuse, est une grande montagne située à seize lieues d'ici, & qui a donné son nom à cette Ville, malgré son éloignement. Elle termine la pointe la plus méridionale de l'Afrique. Elle est dans les traités un point de démarcation ; au de-là, les prises navales sont encore légitimes, plusieurs mois après que les Princes sont d'accord en Europe. Elle a vu souvent la paix à sa droite, & la guerre à sa gauche entre les mêmes pavillons; mais elle les a vu plus souvent se réunir dans ses rades & y être en bonne intelligence, lorsque la discorde troubloit les deux hémisphères. J'admirois cet heureux rivage que jamais la guerre n'a désolé, & qui est habité par un peuple utile à tous les autres par les ressources de son œconomie & l'étendue de son commerce. Ce n'est pas le climat qui fait les hommes. Cette Nation sage & paisible ne doit point ses mœurs à son territoire. La piraterie, les

II. Part. D

guerres civiles agitent les Régences d'Alger, de Maroc, de Tripoli, & les Hollandois ont porté l'Agriculture & la concorde à l'autre extrémité de l'Afrique.

J'amufois ma promenade par ces réflexions fi douces & fi rares à faire dans aucun lieu de la terre : mais la chaleur du foleil m'obligea de chercher un abri. Il n'y en a point d'autre qu'à l'entrée du ravin. J'y trouvai mes camarades auprès d'une petite fource où ils fe repofoient. Comme ils s'ennuyoient, on décida le retour. Il étoit midi. Nous defcendîmes, quelques-uns fe laiffant gliffer affis, d'autres accorupis fur les mains & fur les pieds. Les roches & les fables s'échappoient deffous nos pas. Le foleil étoit prefque à pic, & fes rayons réfléchis par les rochers collatéraux, faifoient éprouver une chaleur infupportable. Souvent nous quittions le fentier & courions nous cacher à l'ombre pour refpirer fous quelque pointe de roc. Les genoux me manquoient ; j'étois accablé de soif: nous arrivâmes vers le soir à la Ville. Madame Nedling nous attendoit. Les rafraîchissemens étoient prêts. C'étoit de la limonade, où l'on avoit mis de la muscade & du vin. Nous en bûmes sans danger. Je fus me coucher. Jamais voyage ne me fit tant de plaisir, & jamais le repos ne me parut si agréable.

Je suis, &c.

Au Cap, ce 6 Février 1771.

LETTRE XXII.

Qualités de l'air & du sol du Cap de Bonne-Espérance; plantes, insectes & animaux.

L'AIR du Cap de Bonne-Espérance est très-sain. Il est rafraîchi par les vents du sud-est, qui y sont si froids, même au milieu de l'Eté, qu'on y porte en tout tems des

Qualité de l'air.

habits de drap. Sa latitude est cependant par le trente-trois degré sud. Mais je suis persuadé que le pole Austral est plus froid que le Septentrional.

Il regne peu de maladies au Cap. Le scorbut s'y guérit très-vîte, quoiqu'il n'y ait pas de tortues de mer. En revanche la petite vérole y fait des ravages affreux. Beaucoup d'habitans en sont profondément marqués. On prétend qu'elle y fut apportée par un vaisseau Danois. La plupart des Hottentots qui en furent atteints en moururent. Depuis ce tems ils sont réduits à un très-petit nombre, & ils viennent rarement à la Ville.

Du sol. Le sol du Cap est un gravier sablonneux, mêlé d'une terre blanche. J'ignore s'il renferme des minéraux précieux. Les Hollandois tiroient autrefois de l'or de Lagoa, sur le canal Mosambique. Ils y avoient même un établissement, mais ils l'ont abandonné à cause du mauvais air.

J'ai vu chez le Major de la place une

terre sulfureuse où se trouvent des morceaux de bois réduits en charbon, une véritable pierre à plâtre, des cubes noirs de toutes les grandeurs, amalgamés sans avoir perdu leur forme ; on croit que c'est une mine de fer.

Je n'y ai vu aucun arbre du pays que l'arbre d'or & l'arbre d'argent, dont le bois n'est bon qu'à brûler. Le premier ne diffère du second que par la couleur de sa feuille, qui est jaune. Il y a, dit-on, des forêts dans l'intérieur, mais ici la terre est couverte d'un nombre infini d'arbrisseaux & de plantes à fleurs. Ceci confirme l'opinion où je suis qu'elles ne réussissent bien que dans les pays tempérés, leur calice étant formé pour rassembler une chaleur modérée. (Voyez les entretiens, sur la Végétation.) Dans le nombre des plantes qui m'ont paru les plus remarquables, indépendamment de celles que j'ai décrites précédemment, sont ; une fleur rouge, qui ressemble à un papillon, avec un panache,

Des plantes.

des pattes, quatre aîles, & une queue. Une espece d'hiacynthe à longue tige, dont toutes les fleurs sont adossées au sommet comme les fleurons de l'impériale ; une autre fleur bulbeuse, croissant dans les marais : elle est semblable à une grosse tulipe rouge, au centre de laquelle est une multitude de petites fleurs.

Un arbrisseau dont la fleur ressemble à un gros artichaux couleur de chair. Un autre arbrisseau commun, dont on fait de très-belles haies : ses feuilles sont opposées sur une côte, il se charge de grappes de fleurs papillonnacées couleur de rose. Il leur succede des graines légumineuses. J'en ai apporté pour les planter en France. (*a*)

Insectes. J'ai vu dans les insectes une belle sauterelle rouge, marbrée de noir, des papillons fort beaux, & un insecte fort singu-

---

(*a*) A mon arrivée, j'en ai remis des Plantes au Jardin du Roi où elles végétoient très-bien dans l'été de 1772. elles avoient passé dans la serre l'hyver précédent.

lier: c'est un petit scarabée brun, il court assez vîte; quand on veut le saisir, il lâche avec bruit un vent suivi d'une petite fumée : si le doigt en est atteint, cette vapeur le marque d'une tache brune, qui dure quelques jours. Il répete plusieurs fois de suite son artillerie. On l'appelle le *Canonier*.

Les colibris n'y sont pas rares. J'en ai vu un gros comme une noix, d'un ver changeant sur le ventre. Il avoit un collier de plumes rouges, brillantes comme des rubis sur l'estomac, & des aîles brunes comme un moineau : c'étoit comme un sur-tout sur son beau plumage. Son bec étoit noir, assez long & propre par sa courbure à chercher le miel dans le sein des fleurs; il en tiroit une langue fort menue & fort longue. Il vécut plusieurs jours. Je lui vis manger des mouches & boire de l'eau sucrée. Mais comme il s'avisa de se baigner dans la coupe où on l'avoit mise, les plumes se collerent & attirerent les fourmis qui le mangerent pendant la nuit.

Oiseaux.

J'y ai vu des Oiseaux couleur de feu avec le ventre & la tête comme du velours noir : l'hyver ils deviennent tous bruns. Il y en a qui changent de couleur trois fois l'an. Il y a aussi un Oiseau de Paradis, mais je ne l'ai pas trouvé si beau que celui d'Asie. Je n'ai pas vu cette espece vivante. *L'ami du Jardinier*, & une espece de tarin se trouvent fréquemment dans les jardins. L'ami du Jardinier mériteroit bien d'être transporté en Europe, où il rendroit de grands services à nos jardins. Je l'ai vu s'occuper constamment à prendre des chenilles & à les accrocher aux épines des buissons.

Il y a des aigles, & un oiseau qui lui ressemble beaucoup. On l'appelle le *secrétaire*, parce qu'il a autour du cou une fraise de longues plumes propres à écrire. Il a cela de singulier, qu'il ne peut se tenir debout sur ses jambes, qui sont longues & couvertes d'écailles. Il ne vit que de serpens. La longueur de ses pattes cuiraſſées le rend très-propre à les ſaiſir, & cette fraiſe de plumes lui met le cou & la tête à l'abri de leurs morſures. Cet oiſeau mériteroit bien auſſi d'être naturaliſé chez nous. L'autruche y eſt très-commune : on m'en a offert de jeunes pour un écu. J'ai mangé de leurs œufs, qui ſons moins bons que ceux des poules. J'y ai vu auſſi le caſoar, couvert de poils rudes au lieu de plumes. Il y a une quantité prodigieuſe d'oiſeaux marins dont j'ignore les noms & les mœurs. Le pinguoin pond des œufs fort eſtimés; mais je n'y ai rien trouvé de merveilleux. Ils ont cela de ſingulier, que le blanc, étant cuit, reſte toujours tranſparent.

La mer abonde en poiſſon qui m'a paru ſupérieur à celui des iſles, mais inférieur à ceux d'Europe. On trouve ſur ſes rivages quelques coquilles, des nautiles papyracés, des têtes de meduſe, des lepas & de fort beaux lithophytes, que l'on arrange ſur des papiers, où ils repréſentent de fort jolis arbres, bruns, aurore & pourprés. On

Poiſſons.

les vend aux Voyageurs. J'y ai vu un poisson de la grandeur & de la forme d'une lame de couteau flamand. Il étoit argenté & marqué naturellement de chaque côté de l'impression de deux doigts. Il y a des veaux marins, des baleines, des vaches marines, des morues, & une grande variété d'especes de poissons ordinaires, mais dont je ne vous parlerai point, faute d'observations & de connoissances suffisantes dans l'ichthyologie.

Quadrupedes. Il y a une espece fort commune de petites tortues de montagne à écaille jaune marquetée de noir; on n'en fait aucune sorte d'usage. Il y a des porc-épis, & des marmottes d'une forme différente des nôtres; une grande variété de cerfs & de chevreuils, des ânes sauvages, des zebres, &c. Un Ingénieur Anglois y a tué, il y a quelques années, une giraffe ou caméléopard, animal de seize pieds de hauteur, qui broutte les feuilles des arbres.

Le bavian est un gros singe fait comme

un ours. Le singe paroît se lier dans la nature avec toutes les classes animales. Je me souviens d'avoir vu un sapajou qui avoit la tête & la criniere d'un lion. Celui de Madagascar appellé maki, ressemble à une levrette; l'orang-outang à un homme.

Tous les jours on y découvre des animaux d'une espece inconnue en Europe; il semble qu'ils se soient réfugiés dans les parties du globe les moins fréquentées par l'homme, dont le voisinage leur est toujours funeste. On en peut dire autant des plantes, dont les especes sont d'autant plus variées, que le pays est moins cultivé. M. de Tolbac m'a conté qu'il avoit envoyé en Suede, à M. Linnæus, quelques plantes du Cap, si différentes des plantes connues, que ce fameux Naturaliste lui écrivit : *vous m'avez fait le plus grand plaisir ; mais vous avez dérangé tout mon système.* {Animaux domestiques.}

Il y a de bons chevaux au Cap, & de fort beaux ânes. Les bœufs y ont une grosse loupe sur le cou, formée de graisse, entrelacée de petits vaisseaux. Au premier coup-d'œil cette excroissance paroît une monstruosité; mais on voit bientôt que c'est un réservoir de substance, que la Nature à donné à cet animal, destiné en Afrique, à vivre dans des pâturages brûlés. Dans la saison seche il maigrit, & sa loupe diminue; elle se remplit de nouveaux sucs lorsqu'il paît des herbes fraîches. D'autres animaux qui paissent sous le même climat, ont aussi les mêmes avantages: le chameau a une bosse, & le dromadaire en a deux en forme de selle; le mouton a une grosse queue faite en capuchon, qui n'est qu'une masse de suif de plusieurs livres.

Observations.

On a dressé ici les bœufs à courir presque aussi vîte que les chevaux avec les charrettes auxquelles ils sont attelés.

Bêtes féroces.

Le mouton & le bœuf sont si communs, qu'on en jette aux boucheries la tête & les pieds; ce qui attire, la nuit, les loups jufques dans la Ville. Souvent je les entends hurler aux environs. Pline obferve que les lions d'Europe, qui fe trouvent en Romanie, font plus adroits & plus forts que ceux d'Afrique, & les loups d'Afrique & d'Égypte font, dit-il, petits & de peu d'exécution. En effet, les loups du Cap font bien moins dangereux que les nôtres. Je pourrois ajouter à cette obfervation, que cette fupériorité s'étend aux hommes même de notre continent. Nous avons plus d'efprit & de courage que les Afiatiques & les Negres : mais il me femble que ce feroit une louange plus digne de nous, de les furpaffer en juftice, en bonté, & en qualités fociales.

Le tigre eft plus dangereux que le loup; il eft rufé comme le chat, mais il n'a pas de courage : les chiens l'attaquent hardiment.

Il n'en eft pas de même du lion. Dès qu'ils ont éventé fa voie, la frayeur les faifit. S'ils le voient, ils l'arrêtent; mais ils ne l'approchent pas. Les chasseurs le tirent avec des fusils d'un très-gros calibre. J'en ai manié quelques-uns; il n'y a guère qu'un paysan du Cap qui puisse s'en servir.

On ne trouve de lions qu'à soixante lieues d'ici; cet animal habite les forêts de l'intérieur; son rugissement ressemble de loin au bruit sourd du tonnerre. Il attaque peu l'homme, qu'il ne cherche ni n'évite: mais si un chasseur le blesse, il le choisit au milieu des autres, & s'élance sur lui avec une fureur implacable. La compagnie donne pour cette chasse, des permissions & des récompenses.

Voici un fait dont j'ai pour garants, le Gouverneur, M. de Tolbak, M. Berg, le Major de la place, & les principaux habitans du lieu.

On trouve à soixante lieues du Cap, dans les terres incultes, une quantité prodigieuse de petits cabris. J'en ai vu à la ménagerie de la Compagnie; ils ont deux petits daguets sur la tête ; leur poil est fauve avec des taches blanches. Ces animaux paissent en si grand nombre, que ceux qui marchent en avant, dévorent toute la verdure de la campagne & deviennent fort gras, tandis que ceux qui suivent ne trouvent presque rien, & sont très-maigres. Ils marchent ainsi en grandes colomnes jusqu'à ce qu'ils soient arrêtés par quelque chaîne de montagnes ; alors ils rebroussent chemin, & ceux de la queue trouvant à leur tour des herbes nouvelles, réparent leur embonpoint, tandis que ceux qui marchoient devant le perdent. On a essayé d'en former des troupeaux, mais ils ne s'apprivoisent jamais. Ces armées innombrables sont toujours suivies de grandes troupes de lions & de tigres, comme si la Nature avoit voulu assurer une subsistance aux bêtes feroces. On ne peut guères douter sur la foi des hommes que j'ai nommés, qu'il n'y ait des armées de lions dans l'intérieur de l'Afrique ; d'ailleurs la tradition Hollandoife eft conforme à l'Hiftoire. Polybe dit qu'étant avec Scipion en Afrique, il vit un grand nombre de lions qu'on avoit mis en croix pour éloigner les autres des villages. Pompée, dit Pline, en mit à la fois fix-cents aux combats du colifée; il y en avoit trois-cents quinze mâles. Il y a quelque caufe phyfique qui femble réferver l'Afrique aux animaux. On peut préfumer que c'eft la difette d'eau qui a empêché les hommes de s'y multiplier & d'y former de grandes nations comme en Afie. Dans une fi grande étendue de côtes, il ne fort qu'un petit nombre de rivieres peu confidérables. Les animaux qui paiffent peuvent fe paffer longtems de boire. J'ai vu fur des vaiffeaux, des moutons qui ne buvoient que tous les huit jours, quoiqu'ils vécuffent d'herbes féches.

Les Hollandois ont formé des établiffemens à trois-cents lieues le long de l'océan, & à cent-cinquante fur le canal Mofambique.

Mosambique; ils n'en ont guères à plus
de cinquante lieues dans les terres. On
prétend que cette Colonie peut mettre
sous les armes quatre ou cinq mille Blancs;
mais il seroit difficile de les rassembler.
Ils en augmenteroient bientôt le nombre,
s'ils permettoient l'exercice libre des Re-
ligions. La Hollande craint peut-être pour
elle-même l'accroissement de cette Colonie, préférable en tout à la métropole. L'air
y est pur & tempéré; tous les vivres y abon-
dent; un quintal de bled n'y vaut que cent
sols, dix livres de moutons douze sols, une
legre de vin contenant deux bariques &
demie, cent cinquante livres. On perçoit
sur ces ventes qui se font aux Étrangers,
des droits considérables; l'habitant vit à
beaucoup meilleur marché.

Ce Pays donne encore au commerce,
des peaux de mouton, de bœuf, de veau
marin, de tigre; de l'aloës, des salaisons,
du beurre, des fruits sécs, & toutes sortes
de comestibles. On a essayé inutilement

d'y planter le caffé & la canne de fucre; les végétaux de l'Afie n'y réuffiffent pas. Le chêne y croît vîte, mais il ne vaut rien pour les conftructions, il eft trop tendre. Le fapin n'y vient pas. Le pin s'y élève à une hauteur médiocre. Ce pays auroit pu devenir, par fa pofition, l'entrepôt du commerce de l'Afie, mais les Arfenaux de la Marine font dans le nord de l'Europe. D'ailleurs fa rade eft peu fûre, & fa relâche eft toujours périlleufe. J'ai vu dans cette faifon, qui eft la plus belle de l'année, plufieurs vaiffeaux forcés d'appareiller. Après tout, il doit remercier la nature qui lui a donné tout ce qui étoit néceffaire aux befoins des Européens, de n'y avoir pas ajouté ce qui pouvoit fervir à leurs paffions.

Au Cap de Bonne-Efpérance, ce 10 *Février* 1771.

LETTRE XXIII.

Esclaves, Hottentots, Hollandois.

L'ABONDANCE du pays se répand sur les Esclaves. Ils ont du pain & des légumes à discretion. On distribue à deux Noirs un Mouton par semaine. Ils ne travaillent point le Dimanche. Ils couchent sur des lits avec des matelats & des couvertures. Les hommes & les femmes sont chaudement vêtus. Je parle de ces choses comme témoin, & pour l'avoir sçu de plusieurs Noirs que les François avoient vendus aux Hollandois pour les punir, disoient-ils, mais dans le fond pour y profiter. Un Esclave coûte ici une fois plus qu'a l'Isle de France. L'homme y est donc une fois plus précieux. Le sort de ces Noirs seroit préférable à celui de nos Paysans d'Europe, si quelque chose pouvoit compenser la liberté.

Le bon traitement qu'ils éprouvent influe sur leur caractere. On est étonné de leur trouver le zele & l'activité de nos domestiques. Ce sont cependant ces mêmes Insulaires de Madagascar, qui sont si indifferens pour leurs Maîtres dans nos Colonies.

Les Hollandois tirent encore des Esclaves de Batavia. Ce sont des Malaiyes, nation très-nombreuse de l'Asie, mais peu connue en Europe. Elle a une langue & des usages qui lui sont particulier. Ils sont plus laids que les Negres, dont ils ont les traits. Leur taille est plus petite, leur peau est d'un noir cendré, leurs cheveux sont longs, mais peu fournis. Ces Malayes ont les passions très violentes.

Hottentots. Les Hottentots sont les naturels du pays, ils sont libres. Ils ne sont point voleurs, ne vendent point leurs enfans, & ne se réduisent point entr'eux à l'esclavage. Chez eux l'adultere est puni de mort, on lapide le coupable. Quelques-uns se louent comme

Domestiques pour une piastre par an, &
servent les Habitans avec tant d'affection,
qu'ils exposent souvent leur vie pour eux.
Ils ont pour armes la demi-lance ou
zagaye.

L'administration du Cap ménage beaucoup les Hottentots. Lorsqu'ils portent des
plaintes contre quelque Européen, ils sont
favorablement écoutés : la présomption
devant être en faveur de la Nation qui a
le moins de desirs & de besoins.

J'en ai vu plusieurs venir à la Ville, en
conduisant des charriots attelés quelquefois
de huit paires de Bœufs. Ils ont des fouets
d'une longueur prodigieuse qu'ils manient
à deux mains. Le Cocher de dessus son
siége en frappe avec une égale adresse la
tête ou la queue de son attelage.

Les Hottentots sont des Peuples Pasteurs,
ils vivent égaux ; mais dans chaque Village
ils choisissent, entre eux, deux hommes auxquels ils donnent le titre de Capitaine &
de Caporal, pour regler les affaires de

commerce avec la compagnie. Ils vendent leurs troupeaux à très-bon marché. Ils donnent trois ou quatre Moutons pour un morceau de tabac. Quoiqu'ils aient beaucoup de bestiaux, ils attendent souvent qu'ils meurent pour les manger.

Ceux que j'ai vus avoient une peau de Mouton sur leurs épaules, un bonnet & une ceinture de la même étoffe. Ils me firent voir comment ils se couchoient. Ils s'étendoient nus sur la terre & leur manteau leur servoit de couverture.

Ils ne sont pas si noirs que les Negres. Ils ont cependant comme eux le nez applati, la bouche grande & les levres épaisses. Leurs cheveux sont plus courts & plus frisés. Ils ressemblent à une ratine. J'ai observé que leur langage est très-singulier, en ce que chaque mot qu'ils prononcent est précédé d'un claquement de langue, ce qui leur a, sans doute, fait donner le nom de chocchoquas, qu'ils portent sur d'anciennes Cartes de M. de l'Isle. On croiroit en effet qu'ils difent toujours chocchoq.

Quant au tablier des femmes Hottentotes, c'eft une fable dont tout le monde m'a attefté la fauffeté; elle eft tirée du voyageur Kolben qui en eft rempli.

Une obfervation plus fûre eft celle de Pline, qui remarque que les animaux font plus imbeciles à proportion que leur fang eft plus gras. Les plus forts animaux ont, dit-il, le fang plus épais, & les fages l'ont plus fubtil. J'ai remarqué en effet fur des Noirs bleffés que leur fang fe cailloit très promptement. J'attribuerois volontiers à cette caufe la fupériorité des Blancs fur les Noirs.

Indépendamment des Efclaves & des Hottentots, les Hollandois attachent encore à leur fervice des engagés. Ce font des Européens auxquels la Compagnie fait des avances & que les Habitans prennent chez eux, en rendant à l'adminiftration ce qu'elle a débourfé.

Ils font pour l'ordinaire Économes fur

E iv

les habitations. On est assez content d'eux les premieres années, mais l'abondance où ils vivent les rend paresseux.

Mœurs des Hollandois. On ne donne point à jouer au Cap : on n'y fait point de visites. Les femmes veillent sur leurs domestiques & sur leurs maisons, dont les meubles sont d'une propreté extrême. Le mari s'occupe des affaires du dehors. Le soir toute la famille réunie se promene & respire le frais, lorsque la brise est tombée. Chaque jour ramene les mêmes plaisirs & les mêmes affaires.

L'union la plus tendre regne entre les parents. Le frere de mon hotesse étoit un paysan du Cap venu de 70 lieues de-là. Cet homme ne disoit mot & étoit presque toujours assis à fumer sa pipe. Il avoit avec lui un fils âgé de dix ans qui se tenoit constamment auprès de lui. Le pere mettoit la main contre sa joue & le caressoit sans lui parler ; l'enfant aussi silentieux que le pere, serroit ses grosses mains dans les siennes, en le regardant avec des yeux pleins de la tendreffe filiale. Ce petit garçon étoit vétu comme on l'eft à la campagne. Il avoit dans la maifon un parent de fon âge habillé proprement ; ces deux enfants alloient fe promener enfemble avec la plus grande intimité. Le Bourgeois ne méprifoit pas le Payfan, c'étoit fon Coufin.

J'ai vu Mlle. Berg, âgée de feize ans, diriger feule une maifon très-confidérable. Elle recevoit les Étrangers, veilloit fur les domeftiques, & maintenoit l'ordre dans une famille nombreufe, d'un air toujours fatisfait. Sa jeuneffe, fa beauté, fes graces, fon caractère ; réuniffoient en fa faveur tous les fuffrages ; cependant je n'ai jamais remarqué quelle y fît attention. Je lui difois un jour qu'elle avoit beaucoup d'amis : j'en ai un grand, me dit-elle, c'eft mon pere.

Le plaifir de ce Confeiller étoit de s'affeoir, au retour de fes affaires, au milieu de fes enfans. Ils fe jettoient à fon cou, les plus petits lui embraſſoient les genoux; ils le prenoient pour juge de leurs querelles ou de leurs plaiſirs, tandis que la fille aînée excuſant les uns, approuvant les autres, souriant à tous, redoubloit la joie de ce cœur paternel. Il me ſembloit voir l'Antiope d Idoménée.

Ce peuple, content du bonheur domeſtique que donne la vertu, ne l'a pas encore mis dans des romans & ſur le théâtre. Il n'y a pas de ſpectacles au Cap, & on ne les deſire pas. Chacun en voit dans ſa maiſon de fort touchans; des domeſtiques heureux, des enfans bien élevés, des femmes fidelles. Voilà des plaiſirs que la fiction ne donne pas. Ces objets ne fourniſſent guère à la converſation, auſſi on y parle peu. Ce ſont des gens mélancoliques qui aiment mieux ſentir que raiſonner. Peut-être auſſi faute d'évènemens n'a-t-on rien à dire; mais qu'importe que l'eſprit ſoit vuide, ſi le cœur eſt plein, & ſi les douces émotions de la nature peuvent l'agiter, ſans

Ils n'ont pas encore mis le bonheur dans des Romans & sur le Théatre.

être excitées par l'artifice, ou contraintes par de fausses bienséances ?

Lorsque les filles du Cap deviennent sensibles, elles l'avouent naïvement. Elles disent que l'amour est un sentiment naturel, une passion douce, qui doit faire le charme de leur vie, & les dédommager du danger d'être meres : mais elles veulent choisir l'objet qu'elles doivent toujours aimer. Elles respecteront, disent-elles, étant femmes, les liens qu'elles se sont préparés étant filles.

Elles ne font point un myftere de l'amour : elles l'expriment comme elles le sentent. Êtes-vous aimé ? Vous êtes accepté, distingué, fêté, chéri publiquement. J'ai vu Mlle Nedling pleurer le départ de son amant. Je l'ai vu préparer en soupirant les présens qui devoient être les gages de sa tendresse. Elle n'en cherchoit pas de témoins, mais elle ne les fuyoit pas.

Cette bonne foi est ordinairement suivie d'un mariage heureux. Les garçons portent la même franchise dans leurs procédés. Ils reviennent d'Europe pour remplir leur promeſſes; ils reparoiſſent avec le mérite du danger & d'un ſentiment qui a triomphé de l'abſence : l'eſtime ſe joint à l'amour, & nourrit, toute la vie, dans ces âmes conſtantes, le deſir de plaire qu'ailleurs on porte chez ſes voiſins.

Quelque heureuſe que ſoit leur vie, avec des mœurs ſi ſimples & ſur une terre ſi abondante, tout ce qui vient de la Hollande leur eſt toujours cher. Leurs maiſons ſont tapiſſées des vues d'Amſterdam, de ſes places publiques & de ſes environs. Ils n'appellent la Hollande que la patrie; des étrangers même à leur ſervice, n'en parlent jamais autrement. Je demandois à un Suédois, Officier de la Compagnie, combien la Flotte mettroit de temps à retourner en Hollande : il nous faut, dit-il, trois mois pour nous rendre dans la patrie.

Ils ont une Égliſe fort propre, où le ſervice Divin ſe fait avec la plus grande décence. Je ne ſçais pas ſi la Religion ajoute à leur félicité, mais on voit parmi eux des hommes dont les peres lui ont sacrifié ce qu'ils avoient de plus cher. Ce sont les réfugiés François. Ils ont à quelques lieues du Cap un établissement appellé la petite Rochelle. Ils sont transportés de joie quand ils voient un compatriote, ils l'amenent dans leurs maisons, ils le préfentent à leurs femmes & à leurs enfans, comme un homme heureux qui a vû le pays de leurs ancêtres, & qui doit y retourner. Sans cesse ils parlent de la France, ils l'admirent, ils la louent, & ils s'en plaignent comme d'une mere qui leur fut trop sévere. Ils troublent ainsi le bonheur du pays où ils vivent, par le regret de celui où ils n'ont jamais été.

On porte au Cap un grand respect aux Magistrats, & surtout au Gouverneur. Sa maison n'est distinguée des autres que par un sentinelle, & par l'usage de sonner de la trompette lorsqu'il dîne. Cet honneur est attaché à sa place; d'ailleurs aucun fafte n'accompagne fa perfonne. Il fort fans fuite; on l'aborde fans difficulté. Sa maifon eft fituée fur le bord d'un canal ombragé par des chênes plantés devant fa porte. On y voit des portraits de Ruiter, de Tromp, ou de quelques hommes illuftres de la Hollande. Elle eft petite & fimple, & convient au petit nombre de folliciteurs qui y font appellés par leurs affaires ; mais celui qui l'habite eft fi aimé & fi refpecté, que les gens du pays ne paffent point devant elle fans la faluer.

Il ne donne point de fêtes publiques; mais il aide de fa bourfe des familles honnêtes qui font dans l'indigence. On ne lui fait point la cour. Si on demande juftice, on l'obtient du Confeil ; fi ce font des fecours, ce font des devoirs pour lui : on n'auroit à folliciter que des injuftices.

Il eft prefque toujours maître de fon temps, & il en difpofe pour maintenir l'union & la paix, perfuadé que ce font elles qui font fleurir les fociétés. Il ne croit pas que l'autorité du chef dépende de la division des membres. Je lui ai ouï dire que la meilleure politique étoit d'être droit & juste.

Il invite souvent à sa table les Etrangers. Quoi qu'âgé de 80 ans sa conversation est fort gaie ; il connoît nos ouvrages d'esprit & les aime. De tous les François qu'il a vus, celui qu'il regrette d'avantage étoit l'Abbé de la Caille. Il lui avoit fait bâtir un observatoire. Il estimoit ses lumieres, sa modestie, son désintéressement, ses qualités sociales. Je n'ai connu que les ouvrages de ce Sçavant ; mais en rapportant le tribut que des Etrangers rendent à sa cendre, je me félicite de finir le portrait de ces hommes estimables par l'éloge d'un homme de ma nation.

LETTRE XXIV.

Suite de mon journal au Cap.

JE fus invité par M. Serrurier, premier Miniſtre des Égliſes, à aller voir la Bibliothéque. C'eſt un édifice fort propre. J'y remarquai ſur-tout beaucoup de livres de Théologie qui n'y ont jamais occaſionné de diſpute, car les Hollandois n'y vont point. A l'extrémité du jardin de la Compagnie, il y a une ménagerie où l'on voit une grande quantité d'oiſeaux. Les pélicans, que j'avois vus ſur le rivage à mon arrivée, étoient les commenſaux de cette maiſon; mais on les en avoit chaſſés parce qu'ils mangeoient les petits canards. Ils alloient dans le jour pêcher dans la rade, & revenoient coucher le ſoir à terre.

Le 10 Février on ſignala un Navire François; c'étoit l'Alliance, un de ceux que l'ouragan avoit forcé d'appareiller de Bourbon. Il avoit perdu son artimon dans la tempête. Il ne put nous donner aucune nouvelle de l'Indien. Il prit quelques vivres & continua sa route pour l'Amérique sans réparer la perte de son mât. Les Hollandois en ont de grandes provisions qu'ils conservent en les enterrant dans le sable : mais ils les vendent fort cher. Le mât de misaine de la Normande lui coûta mille écus.

Le 11 la Digue, flûte du Roi partie de l'Isle de France il y avoit un mois, vint relâcher pour faire quelques provisions. Je connoissois le Capitaine, M. le Fer. Il me dit qu'il ne seroit pas plus de huit jours au mouillage, & que de-là il feroit route pour l'Orient. Je ne comptois plus revoir l'Indien ni mes effets; cette occasion me parut favorable; je résolus d'en profiter.

Je fis part de ma résolution à M. Berg & à M. De Tolbac : ils me réitérerent l'un & l'autre l'offre de leur bourse. Un soir,

II. Part. F

foupant chez le Gouverneur, on parla du vin de Conſtance. M. de Tolbac me demanda ſi je n'en emporterois pas en Europe. Je lui répondis naturellement que le déſordre arrivé dans mon œconomie ne me permettoit pas de faire cette emplette, à laquelle j'avois deſtiné une ſomme pour en faire préſent à une perſonne à qui j'étois fort attaché. Il me dit qu'il vouloit me tirer de cet embarras en me donnant une alverame de vin rouge ou blanc, ou toutes les deux à la fois ſi cela me faiſoit plaiſir. Je lui répondis qu'une ſeule ſuffiſoit, & que je la préſenterois de ſa part à celui auquel je la deſtinois. « Non, dit-il, » c'eſt vous à qui je la donne, afin que » vous vous ſouveniez de moi. Je ne vous » demande pour toute reconnoiſſance que » de m'écrire votre arrivée ». Il me l'envoya le lendemain. M. Berg, de ſon côté, à qui j'avois beaucoup parlé des honnêtetés que j'avois reçues de Monſieur & de Mademoiſelle de Cremon, me dit qu'il ſe chargeoit de ma reconnoissance; & qu'il leur enverroit de ma part vingt-quatre bouteilles de vin de Constance.

Dans une situation où je manquois de tout, je trouvois mon sort heureux d'avoir rencontré parmi des étrangers, des hommes si obligeans.

J'arrêtai avec le Capitaine de la Digue mon passage en France, à raison de six-cents livres. Il devoit partir quelques jours après. J'usai avec beaucoup de circonspection, du crédit de M. Berg. Je me fis faire un habit uni & un peu de linge. C'étoit-là tout l'équipage d'un Officier qui revenoit des Indes Orientales. Non-seulement j'avois perdu tous mes effets, mais je me trouvois endetté de plus de quatorze-cents livres.

A peine j'avois fait mes arrangemens, que le vaisseau l'Africain vint mouiller au Cap; il venoit y chercher des vivres; il étoit parti de l'Isle de France vers la mi-Janvier. Il nous apportoit des nouvelles de l'Indien : voici ce que nous en apprîmes.

Ce malheureux vaiffeau avoit perdu tous fes mâts dans la tempête ; & après avoir tenu la mer plus d'un mois, il étoit enfin retourné à l'Ifle de France en fi mauvais état, qu'on l'avoit défarmé. Il avoit reçu des coups de mer par fes hauts qui avoient mouillé une partie de fa cargaifon ; & inondé la fainte-barbe au point que les malles des paffagers y flottoient. Un honnête-homme, appellé M. de Moncherat, m'écrivoit qu'il s'étoit chargé de vifiter les miennes à leur arrivée, & qu'à l'exception de ce qui étoit dans ma chambre, il y avoit eu peu de dommage.

On nous raconta un évènement bien étrange arrivé fur l'Indien. Entre les mauvais fujets qui viennent à l'Ifle de France, on y avoit fait paffer un homme de bonne maifon, appellé M. de **** Il avoit affaffiné en France fon beau frere. Dans la traverfée il eut une querelle avec le Subrecargue de son vaisseau. En arrivant à terre, en plein jour sur la place publique, sans autre formalité, il le perça de son épée, & lui en rompit la lame dans le corps. Il s'enfuit dans les bois, d'où on le ramena en prison. Son procès fut fait, & il alloit être condamné au supplice lorsqu'on fit, la nuit, un trou au mur de sa prison, par où il s'évada.

Cet évènement étoit arrivé deux mois avant mon départ.

Pendant la tempête qu'essuya l'Indien, le mât de misaine rompit, & tomba à la mer. On se hâtoit d'en couper les cordages, lorsqu'on vit au milieu des lames, un matelot accroché à la hune de ce mât flottant. Il crioit sauvez-moi, sauvez-moi, je suis ****. En effet c'étoit ce misérable. Au retour de l'Indien à l'Isle de France, on le fit encore évader. M. de Tolbac disoit a ce sujet, « qui doit être pendu » ne peut pas se noyer ».

On n'avoit reçu aucune nouvelle de l'Alliance qui avoit probablement péri.

Ce fut pour moi un grand bonheur de recevoir mes effets à la veille de mon départ, & de n'être plus fur l'Indien, qui probablement refteroit longtemps à l'Ifle de France.

La Digue différa fon départ jufqu'au 2 Mars. Je payai toute ma dépenfe avec mes lettres de change fur le tréfor des Colonies, à fix mois de vue, & j'y perdis vingt-deux pour cent d'efcompte.

Je pris congé du Gouverneur, & de M. Berg, qui me donna beaucoup de curiofités naturelles. Je lui avois fait part de quelques-unes des miennes. Mlle Berg me donna trois perruches à tête grife, groffes comme des moineaux; elles venoient de Madagafcar. Mon hoteffe me fit une provifion de fruits, & me fouhaita, en pleurant, ainfi que fa famille, un heureux voyage.

Je quittai à regret de fi bonnes gens ;

& ces jardins d'arbres fruitiers d'Europe que je laiſſois au mois de Mars chargés de fruits. J'avois cependant un grand plaiſir à imaginer que j'allois les retrouver couverts de fleurs en Europe, & que dans un an j'aurois eu deux étés ſans hyver : mais, ce qui vaut encore mieux que les beaux pays & les douces ſaiſons, j'allois revoir ma patrie & mes amis.

LETTRE XXV.

Départ du Cap; deſcription de l'Aſcenſion.

LE 2 de Mars à deux heures après midi, nous appareillâmes avec ſix vaiſſeaux de la Flotte de Batavia. Les ſix autres étoient partis il y avoit quinze jours. Nous ſortîmes par la deuxieme ouverture de la Baye, laiſſant l'Iſle Roben à gauche. Nous dépaſſâmes bien vîte les navires Hollandois. Ils vont de compagnie jufqu'à la hauteur des Açores, où deux vaiffeaux de Guerre de leur Nation les attendent pour les convoyer jufqu'en Hollande.

Les marins regardent le Cap comme le tiers du chemin de l'Ifle de France en Europe; ils comptent un autre tiers du Cap au paffage de la Ligne inclufivement: le troifieme eft pour le refte de la route.

Huit jours après notre départ, pendant que nous étions fur le pont, après dîner, dans une parfaite fécurité, on vit fortir une grande flâme da la cheminée de la cuifine; elle s'élevoit jufqu'à la hauteur de l'écoute de mifaine. Tout le monde courut fur l'avant. Ce ne fut qu'une terreur panique : un cuifinier mal-adroit avoit répandu des graiffes dans le foyer de fa cuifine. On conta, à ce fujet, que le feu ayant pris à la mifaine du vaiffeau le...; toute la voilure de l'avant fut enflâmée dans un inftant. Les Officiers & l'Équipage avoient perdu la tête, & vinrent en tumulte avertir le Capitaine. Il sortit de sa chambre & leur dit froidement: mes amis, ce n'est rien; il n'y a qu'à ariver. En effet, la flamme poussée en avant par le vent arriere s'amortit dès qu'il n'y eut plus de toile. Cet homme de sang-froid s'appelloit M. de Surville. C'étoit un Capitaine de la Compagnie du plus grand mérite.

Nous eûmes constamment le vent du sud-est, & une belle mer jusqu'à l'Ascension. Le 20. Mars nous étions par sa latitude, qui est de huit dég. sud. mais nous avions trop pris de l'est. Nous fûmes obligés de courir en longitude, notre intention étant d'y mouiller pour y pêcher de la tortue.

Le 22 au matin nous en eûmes la vue. On apperçoit cette Isle de dix lieues, quoiqu'elle n'ait gueres qu'une lieue & demie de diamètre. On y distingue un morne pointu appellé la montagne verte. Le reste de l'Isle est formé de collines noires & rousses, & les parties des rochers voisines de la mer étoient toutes blanches de la fiente des oiseaux.

En approchant, le païsage devient bien plus affreux. Nous longeâmes la côte pour arriver au mouillage, qui est dans le nord-ouest. Nous apperçûmes au pied de ces mornes noirs comme les ruines d'une ville immense. Ce sont des rochers fondus, qui ont coulé d'un ancien volcan; ils se sont répandus dans la plaine & jusqu'à la mer, sous des formes très-bisarres. Tout le rivage dans cette partie en est formé. Ce sont des pyramides, des grottes, des demi-voûtes, des cul-de-lampes; les flots se brisent contre ces anfractuosités: tantôt ils les couvrent & forment, en retombant, des nappes d'écumes; tantôt trouvant des plateaux élevés, percés de trous, ils les frappent en-dessous & jaillissent en longs jets d'eau ou en aigrettes. Ces rivages noirs & blancs étoient couverts d'oiseaux marins. Quantité de Frégates nous entourerent & voloient dans nos manœuvres, où on les prenoit à la main.

Nous mouillâmes le foir à l'entrée de la grande anfe. Je defcendis dans le canot avec les gens deftinés à la pêche de la tortue. Le débarquement eft au pied d'une maffe de rochers que l'on apperçoit du mouillage à l'extrêmité de l'anfe fur la droite. Nous defcendîmes fur un gros fable très-beau. Il eft blanc, mêlé de grains rouges, jaunes, & de toutes les couleurs, comme ces grains d'anis appellés mignonette. A quelques pas de-là nous trouvâmes une petite grotte dans laquelle eft une bouteille où les vaiffeaux qui paffent mettent des lettres. On caffe la bouteille pour les lire, après quoi on les remet dans une autre.

Nous avançâmes environ cinquante pas en prenant fur la gauche derriere les rochers. Il y a là une petite plaine, dont le fol fe brifoit fous nos pieds, comme s'il eût été glacé. J'y goûtai ; c'étoit du sel, ce qui me parut étrange, n'y ayant pas d'apparence que la mer vienne jusques-là.

On apporta du bois, la marmite, & la voile du canot sur laquelle nos Matelots se coucherent en attendant la nuit. Ce n'est que sur les huit heures du soir que les tortues montent au rivage. Nos gens se reposoient tranquillement, lorsque l'un deux se leva en sursaut en criant : un mort, voici un mort... En effet, à une petite croix élevée sur un monceau de sable, nous vîmes qu'on y avoit enterré quelqu'un. Cet homme s'étoit couché dessus sans y penser ; aucun de nos Matelots ne voulut rester là davantage : il fallut, pour leur complaire, avancer cent pas plus loin.

La lune se leva & vint éclairer cette solitude. Sa lumiere qui rend les sites agréables plus touchants, rendoit celui-ci plus effroyable. Nous étions au pied d'un morne noir, au haut duquel on distinguoit une grande croix que des marins y ont plantée. Devant nous la plaine étoit couverte de rochers, d'où s'élevoit une infinité de pointes de la hauteur d'un homme. La lune faifoit briller leur fommet blanchi de la fiente des oifeaux. Ces têtes blanches fur ces corps noirs, dont les uns étoient debout, & les autres inclinés, paroiffoient comme des fpectres errans fur des tombeaux. Le plus profond filence regnoit fur cette terre défolée; de tems à autre on entendoit feulement le bruit de la mer fur la côte, où le cri vague de quelque frégate effrayée d'y voir des habitans.

Nous fûmes dans la grande anfe attendre les tortues. Nous étions couchés fur le ventre dans le plus grand filence. Au moindre bruit cet animal fe retire. Enfin nous en vîmes fortir trois des flots ; on les diftinguoit comme des maffes noires qui grimpoient lentement fur le fable du rivage. Nous courûmes à la premiere :

mais notre impatience nous la fit manquer. Elle redefcendit la pente & fe mit à la nâge. La feconde étoit plus avancée, & ne put retourner fur fes pas. Nous la jettâmes fur le dos. Dans le refte de la nuit, & dans la même anfe, nous en tournâmes plus de cinquante, dont quelques-unes pefoient cinq-cents livres.

Le rivage étoit tout creufé de trous où elles pondent jufqu'à trois-cents œufs, qu'elles recouvrent de fable, où le foleil les fait éclorre. On tua une tortue & on en fit du bouillon ; après quoi, je fus me coucher dans la grotte où l'on met les lettres, afin de jouir de l'abri du rocher, du bruit de la mer, & de la molleffe du fable. J'avois chargé un Matelot d'y porter mon fac de nuit : mais jamais il n'ofa paffer feul devant le lieu où il avoit vu un homme enterré. Il n'y a rien à la fois de fi hardi & de fi fuperftitieux que les Matelots.

Je dormis avec grand plaifir. A mon réveil je trouvai un fcorpion & des cancrelas à l'entrée de ma caverne. Je ne vis aux environs, d'autres herbes qu'une efpece de tithimale ou éclaire. Son fuc étoit laiteux & très-acre : l'herbe & les animaux étoient dignes du pays.

Je montai fur le flanc d'un des mornes, dont le fol retentiffoit fous mes pieds. C'étoit une véritable cendre rouffe & falée. C'eſt peut-être de-là que provient la petite faline où nous avions paffé la nuit. Un fou vint s'abbatre à quelques pas de moi. Je lui préfentai ma canne, il la faifit de fon bec fans prendre fon vol. Ces oifeaux fe laiffoient prendre à la main, ainfi que toutes les efpeces qui n'ont pas éprouvé la fociété de l'homme ; ce qui prouve qu'il y a une forte de bonté & de confiance naturelle à toutes les créatures envers les animaux qu'ils ne croient pas malfaifans. Les oifeaux n'ont pas peur des bœufs.

Nos Matelots tuérent beaucoup de frégates pour leur enlever une petite portion de graiffe qu'elles ont vers le cou. Ils croient que c'eft un fpécifique contre la goutte, parce que cet oifeau eft fort léger : mais la nature, qui a attaché ce mal à notre intempérance, n'en a pas mis le remede dans notre cruauté.

Sur les dix heures du matin la chaloupe vint embarquer les tortues. Comme la lame étoit groffe, elle fe mouilla au large, & avec une corde placée à terre, en va & vient; elle les tira à elle l'une après l'autre.

Cette manœuvre nous occupa toute la journée. Le foir on remit à la mer les tortues qui nous étoient inutiles. Quand elles font longtems fur le dos, les yeux leur deviennent rouges comme des cerifes, & leur fortent de la tête. Il y en avoit plufieurs fur le rivage, que d'autres vaiffeaux avoient laiffé mourir dans cette fituation. C'eft une négligence cruelle.

LETTRE

LETTRE XXVI.

Conjectures sur l'antiquité du sol de l'Ascension, de l'Isle de France, du Cap de Bonne-Espérance, & de l'Europe.

PENDANT que nos matelots travailloient à embarquer les tortues, je fus m'asseoir dans une des cavités de ces rochers dont la plaine est couverte ; à la vue de ce désordre effroyable, je fis quelques réflexions.

Si ces ruines, me disois-je, étoient celles d'une Ville, que de Mémoires nous aurions sur ceux qui l'ont bâtie & sur ceux qui l'ont ruinée ! Il n'y a point de colonne en Europe qui n'ait son Historien.

Tous les Sçavans conviennent de l'origine & de la durée de Babylone, qui n'a plus d'habitans, & perfonne n'eft d'accord fur la nature & l'antiquité du globe, qui eft la patrie de tous les hommes. Les uns le forment par le feu, les autres par l'eau : ceux-ci par les loix du mouvement, ceux-là par celles de la cryftalifation. Les peuples d'occident croient qu'il n'a pas fix-mille ans, ceux de l'orient difent qu'il eft éternel.

Il eft probable qu'il n'y auroit qu'un fyftême, fi le refte de la terre reffembloit à cette Ifle. Ces pierres-ponces, ces collines de cendres, ces rocs fondus qui ont bouillonné comme du mâchefer, prouvent évidemment qu'elle doit fon origine à un volcan : mais combien y a-t-il d'années que fon explofion s'eft faite ?

Conjectures par l'affaiffement des collines. Il me femble que fi ce tems étoit fort reculé, ces monceaux de cendres ne feroient pas en pyramides : la pluie, le foleil les eût affaiffés. Les angles & les contours de ces roches ne feroient pas aigus & tranchants, parce qu'une longue action de l'atmosphere détruit les parties saillantes des corps: des statues de marbre taillées par les Grecs sont redevenues à l'air des blocs informes.

Seroit-il donc si difficile de juger de l'ancienneté d'un corps par son dépérissement, puisqu'on juge bien de l'antiquité d'une médaille par sa rouille? Un vieux rocher n'est-il pas une médaille de la terre frappée par le tems? *Par le dépérissement des rochers.*

D'ailleurs, si cette Isle étoit fort ancienne, ces blocs de pierre qui sont à la surface de la terre, s'y seroient ensevelis par leur propre poids; c'est un effet lent, mais sûr de la pesanteur. Les piles de boulets & les canons posés sur le sol des arsenaux s'y enterrent en peu d'années. La plupart des monumens de la Grèce & de l'Italie se sont enfoncés au-dessus de leur soubassement. Quelques-uns même ont tout-à-fait disparu. *Par leur profondeur dans le sol.*

Si donc je pouvois sçavoir *combien un*

De l'Ascension. *corps dont la forme & la pesanteur est connue doit mettre de tems à s'enfoncer dans un terrein dont on connoît la résistance,* j'aurois un rapport qui me feroit trouver celui que je cherche. Le calcul sera facile quand les expériences seront faites; en attendant je peux croire raisonnablement que cette Isle est très-moderne.

De l'Isle de France. J'en peux penser autant de l'Isle de France; mais comme ses montagnes pointues ont déjà des croupes, comme ses rochers sont enfoncés au tiers ou au quart en terre, & que leurs angles sont un peu émoussés, je suis persuadé que sa date remonte plusieurs siecles au de-là.

Du Cap de Bonne-Espérance. Le Cap de Bonne-Espérance me paroît beaucoup plus ancien. Les rochers qui se sont détachés du sommet des montagnes sont au Cap tout-à-fait enfoncés dans la terre, où on les retrouve en creusant. Les montagnes ont toutes à leur pied des taluds fort élevés, formés par les débris de leurs parties supérieures. Ces débris en ont été détachés par une longue action de l'atmosphere, ce qui est si vrai qu'ils sont en plus grande quantité aux endroits où les vents ont coutume de souffler. Je l'ai observé sur la montagne de la Table, dont la partie opposée au vent de sud-est est bien plus en talud que celle qui regarde la Ville.

J'ai remarqué encore sur la montagne de la Table, des pierres isolées de la grosseur d'un tonneau, dont les angles étoient bien arrondis. Leur fragmens même n'ont plus d'arrêtes vives : ils forment un gravier blanc & lisse, semblable à des amandes applaties. Ces pierres sont fort dures, & ressemblent pour la couleur & le grain à des tablettes de porcelaine usées.

Conjectures par la couche végétale.

Le dépérissement de ces corps annonce une assez grande antiquité ; cependant je n'ai pas trouvé sur la Table que la couche de terre végétale eût plus de deux pouces de profondeur, quoique les plantes y soient communes ; en beaucoup d'endroits même le roc eſt nud. Il n'y a donc pas un grand nombre de ſiècles que les végétaux y croiſſent. Toutefois on n'en peut rien conclure, parce que le ſommet n'étant ni de ſable ni de pierre poreuſe, mais une eſpèce de caillou blanc, poli & dur, les ſemences des plantes y auront été longtems portées par les vents avant d'y pouvoir germer.

La couche végétale dans les plaines eſt beaucoup plus épaiſſe, mais on n'en pourroit rien conclure pour l'antiquité du ſol ; parce que quand cette couche y eſt conſidérable, elle peut y avoir été apportée des montagnes voiſines par les pluies, ou avoir été entraînée plus loin, quand elle y eſt rare.

S'il exiſtoit en Europe une montagne élevée, iſolée, & dont le ſommet fut applati comme celui de la Table, ſans être comme lui d'une matiere contraire à la végétation, on pourroit comparer l'épaiſſeur de ſa terre végétale à celle d'un terrein nouveau & pareillement ifolé, par exemple à la croûte de quelques-unes de ces ifles qui depuis cent ans fe font formées à l'embouchure de la Loire.

En attendant l'expérience je préfume que l'Europe eft plus ancienne que la terre du Cap, parce que le fommet de fes montagnes n'a pas plus d'efcarpement, que leurs flancs ont une pente plus douce, & que les rochers qui font encore à la furface de la terre font écornés & arrondis. *De l'antiquité de l'Europe.*

Il ne s'agit point ici des rochers qui paroiffent fur le flanc des montagnes que la mer, les torrents ou le débordement des rivieres ont efcarpées, ni des pierres que les pluies mettent à découvert dans les plaines dont elles entraînent la terre, & encore moins des cailloux des champs que la charrue couvre & découvre chaque année: mais de ceux qui par leur maffe & leur fituation n'obéiffent qu'aux feules loix de la pefanteur. Je n'en ai vu aucun de cette efpèce dans les plaines de la Ruffie

& de la Pologne. La Finlande est pavée de rochers, mais ils sont d'une configuration toute différente; ce sont des collines & des vallons entiers de roc vif. C'est en quelque sorte la terre qui est pétrifiée. Cependant comme les sapins croissent sur les croupes de ces collines; il paroît qu'elles sont depuis longtems à l'air qui les décompose. Il paroît même que sous une température moins froide cette décomposition se feroit accélérée bien plus vîte; mais la neige les met pendant six mois à couvert de l'action de l'atmosphere, & le froid qui durcit la terre retarde l'effet de leur pesanteur.

L'espèce de roche que je crois propre aux expériences est celle des environs de Fontainebleau. Ce sont de grosses masses de grès, arrondies, détachées les unes des autres. Quelques-unes sont ensevelies dans le sol à moitié ou aux deux tiers, d'autres sont empilées à la surface comme des amas de pierres à bâtir. Ce sont probablement les sommets de quelque montagne pierreuse qui n'ont pas tout-à-fait disparu Il est probable que chaque siécle acheve de les enfoncer dans le sol, & qu'il y en avoit beaucoup plus il y a deux mille ans. L'action des élémens & de la pesanteur tend à arrondir le globe. Un jour les montagnes de l'Europe auront beaucoup moins de pente, un jour la mer aura dissous les rochers des côtes où elle se brise aujourd'hui, comme elle a détruit ceux de Carybde & de Scylla.

J'ouvris ensuite un livre d'Histoire pour me dissiper. Je tombai sur un endroit où l'Auteur dit de quelques familles Européennes que leur origine *se perd dans la nuit du tems*, comme si leur ancêtres étoient nés avant le soleil. Il parloit ailleurs des peuples du nord comme des fabricateurs du Genre Humain, *officina Gentium* : ce déluge de Barbares, dit-il, que le nord ne pouvoit plus contenir.

Conjectures sur sa population.

J'ai vécu quelque tems dans le nord,

où j'ai parcouru plus de huit-cents lieues, & je ne me rappelle pas y avoir vu aucun monument ancien. Cependant les sociétés nombreuses laissent des traces durables ; & depuis le petit clocher d'un Village jusqu'aux pyramides d'Egypte toute terre qui fut cultivée porte des témoignages de l'industrie humaine. Les champs de la Grece & de l'Italie sont couverts de ruines antiques, pourquoi n'en trouve-t-on pas en Russie & en Pologne ! C'est que les hommes ne se multiplient qu'avec les fruits de la terre ; c'est que le nord de l'Europe étoit inculte lorsque le midi étoit couvert de moissons, de vignobles & d'oliviers (*Note premiere.*) Ces Peuples dans l'abondance éleverent des autels à tous les biens. Cerès, Pomone, Bacchus, Flore, Palès, les Zephirs, les Nymphes, &c. tout ce qui étoit plaisir fut Divinité. La jeune fille offroit des colombes à l'Amour, des guirlandes aux Grâces, & prioit (*Note seconde.*) Lucine de lui donner un mari fidele. La Religion suivoit alors les mouvements de la nature, & comme la reconnoissance étoit dans tous les cœurs, la terre sous un Ciel favorable se couvrait d'Autels. On vit dans chaque verger le Dieu des Jardins, Neptune sur les rivages, l'Amour dans tous les bosquets : les Nayades eûrent des grottes, les Muses des portiques, Minerve des péristiles ; l'obélisque de Diane parut dans les taillis, & le Temple de Vénus éleva sa coupole au-dessus des forêts.

Mais lorsqu'un habitant de ces belles contrées fut obligé de chercher au nord une nouvelle patrie, lorsqu'il eut pénétré avec sa famille malheureuse sous l'ourse glacée, Dieux ! quel fut son effroi aux approches de l'hyver ! Le soleil paroissoit à peine au-dessus de l'horison, son disque étoit rouge & ténébreux. Le souffle des vents faisoit éclater le tronc des sapins : les fontaines se figeoient, & les fleuves s'étoient

II. Part.

arrêtés. Une neige épaisse couvroit les prés, les bois & les lacs. Les plantes, les graines, les sources, tout ce qui soutient la vie étoit mort. On ne pouvoit même ni respirer, ni toucher à rien, car la mort étoit dans l'air, & la douleur sortoit de tous les corps. Ah ! quand cet infortunée entendit les cris de ses enfans que le climat dévoroit, quand il vit sur leurs joues las larmes se vitrifier, & leurs bras tendus vers lui se roidir... qu'il eut d'horreur de ces retraites funestes ! Osa-t-il espérer une postérité de la nature, & des moissons de ces campagnes de fer ! Sa main dût frémir d'ouvrir un sol qui tuoit ses habitans. Il ne lui resta que de joindre sa misere à celle d'un troupeau, de chercher avec lui la mousse des arbres, & d'errer sur une terre où le repos coûtoit la vie. Seulement il s'y creusa des tannieres, & si dans la suite on vit du sein de ces neiges sortir quelque monument, sans doute ce fut un tombeau.

Il est probable que le nord de l'Europe ne se peupla que lorsque le midi lui-même fut abandonné. Les Grecs, si souvent tourmentés par leurs tyrans, préférerent enfin la liberté à la beauté du Ciel. Une partie d'entre eux transporta en Hongrie, en Bohème, en Pologne & en Russie les Arts par lesquels l'homme surmonte les éléments, & seul de tous les animaux peut vivre dans tous les climats. Depuis la Morée jusqu'à Arcangel sur une largeur de plus de cinq-cents lieues on ne parle que la langue Esclavone, dont les mots & les lettres mêmes dérivent du Grec. Les Nations du Nord doivent donc leur origine aux Grecs; elles ont dû rentrer dans la Barbarie, en sortir tard, & ne développer leur puissance que sous une bonne législation. Pierre premier a jetté les fondements de leur grandeur moderne, & aujourd'hui une grande Impératrice leur donne des loix dignes de l'Aréopage.

NOTE PREMIERE.

Danaüs vint d'Egypte chez les Grecs exprès pour leur apprendre à faire des puits, tant la plus belle partie de l'Europe & la premiere civilisée étoit encore dans l'enfance. Les Grecs furent si étonnés de voir les filles de Danaüs tirer de l'eau d'un puits sans le vuider qu'ils s'imaginerent que c'étoit un tonneau inépuisable, ou que le seau du puits étoit criblé, & voilà la fable des Danaïdes. On n'a pas de date de l'arrivée de Danaüs, parce qu'il y a trois mille ans les Peuples policés de l'Europe n'avoient pas de Chronologie.

Quatre-cent-cinquante ans avant la fondation de Rome, Minos construisit les premiers bateaux; Dédale dans le même tems inventa les outils, l'art du Charpentier, & les voiles de vaisseaux, qui passerent pour des aîles: de-là l'Histoire de son fils Icare.

L'art de sculpter commença à Scio 300 ans avant la fondation de Rome. Celui de peindre & de jetter en fonte ne fut inventé que du tems de Phidias, l'an de Rome 308. D'autres arts encore plus utiles avoient une moindre antiquité.

Voyons en quel tems ils ont commencé chez les Romains. Avant Servius Tullius on ne battoit point monnoie. Il fut le premier qui en fit frapper de cuivre. C'étoient des as qui pesoient deux livres, comme les pieces de Suede d'aujourd'hui. Ce ne fut que l'an de Rome 585 que l'on battit pour la premiere fois de la monnoie d'argent, & ce ne fut qu'en 647 que l'on frappa de la monnoye d'or. (*) On ne vécut à Rome que de bouillie ou de fromentée jusqu'à l'année 580, où pour la premiere fois les Boulangers & les Médecins Grecs vinrent s'établir à Rome.

L'agriculture n'étoit pas plus avancée. Les Grecs avoient tiré la vigne de l'Asie, selon Plutarque. Elle passa ensuite chez les Latins, mais le vin étoit si rare sous Numa qu'il défendit qu'on en arrosât les buchers des funérailles. Lucius Papinianus, Général contre les Samnites, fit vœu d'en offrir un petit gobelet à Jupiter s'il gagnoit

---

(*) Depuis les Romains on a imaginé de la monnoye de papier. Comme on voit, tout se perfectionne. J'ai perdu sur cette perfection de l'Art trente-trois pour cent. Je ne sçais pas si les autres Arts font d'aussi grands progrès.

la bataille : tant le vin alors étoit rare, dit Pline.

Selon Feneſtella, l'an de Rome 183, il n'y avoit point d'oliviers en Italie, en Eſpagne & en Afrique. Pline dit qu'en 440 il n'y avoit d'oliviers en Italie qu'à 40 milles de la mer, & que l'huile ne devint commune qu'en 690 : mais ſous Caton on n'avoit pas encore imaginé d'exprimer de l'huile d'autres graines que de l'olive.

Quant aux légumes, les Romains tirerent les eſchalottes, ou aſcalonites, d'Aſcalon en Judée; les oignons, & la chicorée dont le nom *Chicorium* eſt égyptien, de Chypre & d'Egypte; la menthe & cinq ſortes de navets, de Grece; la porée blanche, de Sicile; les choux, de Naples; les cardons, de Carthage; le chervi, ou carvi de Carie; les melons, de Lacédémone & de Béotie.

Ils avoient importé de même la plupart de leurs arbres fruitiers des pays plus orientaux; les figuiers des environs de Troye, d'Hircanie & de Syrie, les citronniers de la Médie, les noyers & les pêchers de la Perſe, le neflier, le coignaſſier, le cyprès & le plane de Candie, le châtaignier de Sardaigne, le myrthe de la Grece, les lauriers de Delphes & de Chypre, les grenadiers
d'Afrique,

d'Afrique, beaucoup d'especes de pommiers & de poiriers du Royaume d'Epire; les pruniers, du tems de Caton, étoient fort rares: ceux que nous appellons de damas venoient d'Arménie. De son tems il n'y avoit point d'amandiers en Italie. Les avelines vinrent à Rome du royaume de Pont, d'où Lucullus apporta aussi les cerises; les pistaches furent apportées de Surie par Vitellius, & les jujubes de Syrie, par le Consul Papinianus, sous Auguste.

Les Gaulois ont tiré de l'Italie leurs Arts & leurs végétaux. De quoi vivoient-ils donc quand les Romains n'avoient encore ni légumes, ni fruits, ni pain, ni vin, ni argent, ni industrie? S'ils vivoient en Peuples pasteurs, ils n'étoient pas nombreux. Et qu'étoient-ce alors que les Nations du Nord? Celles qui firent une incursion en Italie du tems de Marius, étoient probablement des Nations errantes comme celles du Canada. Les Scythes les chassoient vers l'occident & vers le midi.

II. Part.   H

SECONDE NOTE.

LEs jeunes Filles chantoient à Rome, dans les jeux féculaires :

> *Ritè maturos aperire partus*
> *Lenis Illithya, tuere matres,*
> *Sive tu Lucina probas vocari,*
>   *Seu Genitalis*
>
> *Diva ; producas fobolem, patrùmque*
> *Profperes decreta fuper jugandis*
> *Fœminis, prolifque novæ feraci*
>   *Lege maritâ.*
>
>   HORAT. épod. lib. ode 14.

Ce qui veut dire : « Donnez à nos meres d'heureux accouchements, douce Lucine, qui préfidez à la naiffance des hommes ; Déeffe de la génération, préparez pour nous une nouvelle poftérité, & faites réuffir les loix du Sénat en faveur des Mariages.

LETTRE XXVII.

Observations sur l'Ascension. Départ. Arrivée en France.

MEs réflexions sur l'Ascension m'avoient mené assez loin ; c'est qu'on jouit des objets agréables, & que les tristes font réfléchir. Aussi l'homme heureux ne raisonne guère : il n'y a que celui qui souffre qui médite, pour trouver au moins des rapports utiles dans les maux qui l'environnent. Tant il est vrai que la nature a fait, du plaisir, le ressort de l'homme; quand elle n'a pu le placer dans son cœur, elle l'a mis dans sa tête.

Quoique l'Ascension soit sans terre & sans eau, elle ne tient point sur le globe une place inutile. La tortue y trouve trois mois de l'année à faire ses pontes loin du bruit. C'est un animal solitaire qui fuit les rivages fréquentés. Un vaisseau qui mouille ici pendant vingt-quatre heures; la chasse de la Baye pendant plusieurs jours, & s'il tire du canon, elle ne reparoît pas de plusieurs semaines. Les frégates & les fous ont plus de familiarité, parce qu'ils ont moins d'expérience : mais sur les côtes habitées, ils choisissent les pics les plus inaccessibles, & ne se laissent point approcher. L'Ascension est pour eux une république : les mœurs primitives s'y conservent, & l'espece s'y multiplie, parce qu'aucun tyran n'y peut vivre. Sans doute l'Être Suprême a voulu qu'il existât des sables stériles au milieu de la mer, des terres désolées, mais protégées par les élémens, comme des lieux de refuge & des asyles sacrés où les animaux pussent goûter des biens qui ne leur sont pas moins chers qu'aux hommes, le repos & la liberté.

Cette Isle a encore sa franchise naturelle, que de si belles contrées ont perdue. Quoique située entre l'Afrique & l'Amérique, elle a échappé à l'esclavage qui a flétri ces deux vastes continents. Elle est commune à toutes les nations & n'appartient à aucune. Il est rare cependant d'y voir mouiller d'autres vaisseaux que des Anglois & des François, qui s'y arrêtent en revenant des Indes. Les Hollandois qui relâchent au Cap n'ont pas besoin de chercher de nouveaux vivres.

L'air de l'Ascension est très-pur. J'y ai couché deux nuits à l'air sans couverture : j'y ai vu tomber de la pluie, & les nuages s'arrêter au sommet de la montagne verte qui ne m'a paru guère plus élevée que Montmartre. C'est sans doute un effet de l'attraction, qui est plus sensible sur la mer que sur la terre.

Lorsqu'on débarque dans cette Isle quelque matelot scorbutique, on le couvre de sable, & il éprouve un soulagement très-prompt. Quoique je me portasse bien, je me tins quelque temps les jambes dans cette espece de bain sec, & j'eprouvai pendant plusieurs jours, une agitation extraordinaire dans mon sang ; je n'en scais pas trop la raison. Je crois cependant que ce sable n'étant formé que de parties calcaires, il aspire sur la peau où il s'attache, les humeurs internes : à-peu-près comme ces pierres absorbantes que l'on pose sur les piquûres des bêtes venimeuses, en tirent le venin. il seroit à souhaiter que quelque habile Médecin essayât sur d'autres maladies, un remede que le seul instinct a appris aux matelots scorbutiques.

Nous passâmes encore cette nuit à terre. A dix heures du soir je fus me baigner dans une petite anse, qui est entre la grande & le débarquement. Elle est entourée d'une chaîne de rochers en demi-cercle. Au fond de cette anse, le sable est élevé de plus de quinze pieds, & va en pente jusqu'à la mer. A l'entrée il y a plusieurs bancs de rochers à fleur d'eau. La mer qui étoit fort agitée, s'y brisoit avec un bruit terrible, & venoit se développer bien avant dans la petite Baye.

Je me tenois accroché aux angles des rochers, & les vagues en roulant venoient me passer quelquefois jusques sur la tête.

Le 24 au matin, la barre se trouva très grosse. La Digue mit son pavillon, & nous fit signal de départ. Il n'étoit plus possible à la chaloupe de mettre à terre au lieu ordinaire du débarquement. Elle fut prendre dans la Baye une douzaine de tortues qu'on avoit réservées, & revint ensuite mouiller un grapin à une demi-portée de fusil du lieu où nous étions. Les matelots les plus vigoureux se mirent tout nuds, & profitant de l'instant où la lame quittoit le rivage, ils portoient en courant les effets & les passagers.

J'avois fait remarquer à l'Officier qu'elle étoit suffisamment chargée. Il restoit vingt hommes à terre, il y en avoit autant dessus son bord. Il voulut épargner au canot un second voyage : on continua d'embarquer. Sur ces entrefaites, une lame monstrueuse soulevant la chaloupe, fit casser son grapin, & le jetta sur le sable. Huit ou dix hommes qui étoient dans l'eau jusqu'à la ceinture, penserent en être écrasés. Si elle étoit venue en travers, elle étoit perdue : heureusement elle s'échoua sur l'arriere. Deux ou trois vagues consécutives la mâterent presque debout, & dans ce mouvement, elle embarqua de son avant, une grande quantité d'eau : la frayeur prit à plusieurs passagers qui étoient dessus ; ils se jetterent à la mer & penserent se noyer ; enfin tous nos matelots réunis faisant effort tous à la fois, parvinrent à la remettre à flot.

Le canot revint quelque temps après embarquer ce qui étoit resté ; peu s'en fallut que le même accident ne lui arrivât.

Si ce double malheur fût survenu, nous eussions été fort à plaindre. Le vaisseau eût continué sa route, & nous n'eussions trouvé ni eau ni bois dans cette Isle. On prétend cependant qu'il se trouve quelques flaques d'eau dans les rochers au pied de la montagne verte : on assure qu'il y a aussi des cabris fort maigres qui y vivent d'une espece de chiendent. On y avoit planté des cocotiers qui n'y ont pas réussi. Il est probable que ces cabris affamés en auront mangé les germes.

J'observai à l'Ascension que la partie du sud-est étoit toute formée de laves, & celle du nord-ouest de collines de cendres, d'où je conclus que les vents étoient au sud-est lorsque ce volcan sortit de la mer, & qu'ils souflioent lentement, sans quoi ils auroient dispersé les cendres de ces mornes, au lieu de les rassembler. J'en présumai aussi que le foyer des volcans n'étoit point allumé par les revolutions de l'atmosphere, & que les orages de la terre étoient indépendans de ceux de l'air. Ils paroîtroient plutôt dépendre des eaux. De tous les volcans que je connois, il n'y en a pas un qui ne soit dans le voisinage de

Observation.

la mer, ou d'un grand lac. J'ai fait autrefois cette obfervation, en cherchant à expliquer leur caufe. Elle fut le réfultat de mon opinion, qui pourroit être bonne, puifque'elle eft confirmée par la nature.

J'ai trouvé fur les rochers de l'Afcenfion, l'efpece d'huître appellée la feuille. Le fable, comme je l'ai dit, n'eft formé que de débris de madrépores & de coquilles, dans lefquels je reconnus quelques petoncles, de petits buccins & le manteau ducal. Nous prîmes au pied des rochers, des requins & des bourfes de toutes les couleurs. Il y a auffi des carangues, & entr'autres des morenes, efpece de ferpens marins, qu'on dit être un excellent poiffon : fes arêtes font bleues.

Nous appareillâmes le même jour 24 Mars à cinq heures du foir. Nous vécûmes de tortues près d'un mois. On les conferva vivantes tout ce temps-là, en les mettant tantôt fur le ventre, tantôt fur le dos ; & on les arrofoit d'eau de mer plufieurs fois par jour.

La chair de tortue eft une bonne nourriture, mais on s'en laffe bien vîte. Cette chair eft toujours dure, & les œufs font d'un goût très-médiocre.

Nous repaffâmes la Ligne avec des calmes & quelques orages. Les courans portoient fenfiblement au nord : plus d'une fois ils nous firent faire fans vent, dix lieues en vingt-quatre heures. Le 28 Avril nous vîmes une éclipfe de lune, dont le milieu à onze heures de nuit; nous étions par le 32 dégré de latitude nord. Nous éprouvâmes à cette hauteur, plufieurs jours de calme. On prétend que ces calmes font comme autant de limites entre différens règnes de vents. Depuis le 28 dégré nord jufqu'au 32, nous trouvâmes la mer couverte d'une plante marine, appellée grappe de raifin. Elles étoient remplies de petits crables & de frai de poiffon. C'eft peut-être un moyen dont la nature se sert pour peupler les rivages des Isles d'animaux, qui ne pourroient s'y transporter autrement; les poissons des côtes ne se rencontrent jamais en pleine mer.

Nous avions vu avec une grande joie, l'étoile polaire reparoître sur l'horison; & chaque nuit nous la voyions s'élever avec un nouveau plaisir. Cette vûe me rendoit les promenades de nuit très-agréables. Un soir à dix heures, comme je me promenois sur le gaillard d'arriere, je vis le Contre-Maître parler avec beaucoup d'agitation à l'Officier de quart. Celui-ci fit allumer une lanterne, & le suivit sur le gaillard d'avant. Je m'y acheminai comme eux. Nous ne fûmes pas peu étonnés de voir sortir de l'écoutille un torrent de fumée noire & épaisse. Les matelots de quart étoient couchés tranquillement sur une voile en avant du mât de misaine, & quand on les eut appellés ils furent saisis de frayeur. Les plus hardis descendirent par l'écoutille avec la lanterne, en criant que nous étions perdus. Nous nous occupâmes à chercher des sceaux de tous côtés, mais nous n'en trouvâmes pas un seul. Les uns vouloient sonner la cloche pour appeller tout le monde, d'autres vouloient faire jouer la pompe de l'avant pour en porter l'eau à tout hazard dans l'entrepont.

Nous étions tous rangés la tête baissée autour de l'écoutille, en attendant notre arrêt. La fumée redoubloit, & nous vîmes même briller de la flamme. Dans le moment une voix sortit de cet abîme, & nous dit que c'étoit le feu qui avoit pris à du bois qu'on avoit mis sécher dans le four. Cet instant d'inquiétude nous parut un siècle. Triste condition des marins ! Au milieu du plus beau temps, dans la sécurité la plus parfaite, au moment de revoir la patrie, un misérable accident pouvoit nous faire périr du genre de mort le plus effroyable.

Le 16 Mai on exerça les matelots à tirer au blanc, sur une bouteille suspendue à l'extrémité de la grande vergue : on essaya les canons ; nous en avions cinq. Cet exercice militaire se faisoit dans la crainte d'être attaqué par les Saltins. Heureusement nous n'en vîmes point. Nous avions de si mauvais fusils, qu'à la premiere décharge, l'un d'eux creva près de moi, dans la main d'un matelot, & le blessa dangereusement.

Le 17, j'apperçus en plein midi, sur la mer, une longue bande verdâtre dirigée nord & sud. Elle étoit immobile : elle avoit près d'une demi-lieue de longueur. Le vaisseau passa à son extrémité sud. La mer n'y étoit point houleuse. J'appellai le Capitaine, qui jugea, ainsi que ses Officiers, que c'étoit un haut-fond : il n'est pas marqué sur les cartes. Nous étions par la hauteur des Açores.

Le 20 Mai nous trouvâmes un vaisseau Anglois allant en Amérique : il nous apprit que nous étions par les 23 dégrés de longitude, ce qui nous mettoit 140 lieues plus à l'oueft que nous ne croyions.

Le 22 Mai par les 46 dégrés 45 minutes de latitude nord, nous crumes voir un refcif où la mer brifoit. Comme il faifoit calme, on mit le canot à la mer. C'étoit un banc d'écume formé par des lits de marée. Deux heures après nous trouvâmes un mât de hune garni de tous fes agrès. On crut le reconnoître pour appartenir à un vaiffeau Anglois, que la tempète avoit obligé de couper fes mâts. Nous l'embarquâmes avec plaifir : car nous manquions de bois à brûler, & qui pis eft, de vivres. Depuis huit jours on ne faifoit plus qu'un repas en vingt-quatre heures.

Pendant plufieurs jours le Ciel fut couvert à midi, de forte que nous ignorions notre latitude. Le 28 il s'éleva un très-gros temps. Le vaiffeau tint la cape fous fes baffes voiles. A onze heures du matin nous apperçûmes un petit navire devant nous. Nous gouvernâmes fur lui; & nous le rangeâmes fous le vent. Il y avoit fur fon bord, fept hommes qui pompoient de toutes leurs forces. L'eau fortoit de tous les dallots de fon pont. Nous roulions l'un & l'autre panne fur panne ; & dans quelques arivées, les lames penferent le jetter fur nos liffes. Le patron en bonnet rouge nous cria dans fon porte-voix, qu'il étoit parti de Bordeaux depuis vingt-quatre heures, qu'il alloit en Irlande, & il fe hâta de s'éloigner. On jugea que c'étoit un contrebandier, la coutume étant fur mer comme fur terre, d'avoir mauvaife opinion des gens qui font en mauvais ordre.

Vers une heure après midi le vent s'appaifa; les nuages fe partagerent en deux longues bandes, & le foleil parut. On appareilla toutes les voiles; on plaça des matelots en fentinelle fur les barres du perroquet, & on mit le Cap au nord-eft

pour

pour tâcher d'avoir connoiſſance de terre avant le ſoir.

A quatre heures nous vîmes un petit chaſſe-marée ; on le queſtionna ; il ne put rien nous répondre : le mauvais temps l'avoit mis hors de route. A cinq heures on cria, *terre, terre,* à *bas-bord* : nous courûmes auſſitôt ſur le gaillard d'avant. Quelques-uns grimperent dans les hauts-bancs. Nous vîmes diſtinctement à l'horiſon, des rochers qui blanchiſſoient : on aſſura que c'étoient les rochers de Penmare. Nous mîmes le ſoir en travers, & nous fîmes des bords toute la nuit. Au point du jour nous apperçûmes la côte à trois lieues devant nous : mais perſonne ne la reconnoiſſoit. Il faiſoit calme : nous brûlions d'impatience d'arriver. Enfin on apperçut une chaloupe : nous la hélâmes ; on nous répondit : c'eſt un pilote. Quelle joie d'entendre une voix Françoiſe ſortir de la mer ! Chacun s'empreſſoit ſur les liſſes, à

II. Part. I

voir monter le pilote à bord. Bon jour mon ami, lui dit le Capitaine ; quelle est cette terre ? *C'est Belle-Isle , mon ami*, répondit ce bon-homme. Auront-nous du vent ? *S'il plaît à Dieu, mon ami.*

Il avoit de gros pain de seigle, que nous mangeâmes de grand appétit, parce qu'il avoit été cuit en France.

Le calme dura tout le jour ; vers le soir le vent fraîchit. L'Équipage passa la nuit sur le pont : on fit petites voiles. Le matin nous longeâmes l'Isle de Grois, & nous vînmes au mouillage.

Les Commis des Fermes, suivant l'usage, montèrent sur le vaisseau ; après quoi, une infinité de barques de pêcheurs nous abordèrent : on acheta du poisson frais : on se hâta de préparer un dernier repas ; mais on se levoit, on se rasseyoit, on ne mangeoit point, nous ne pouvions nous lasser d'admirer la terre de France.

Je voulois débarquer avec mon Équipage ; on appelloit en vain les matelots ; ils ne répondoient plus. Ils avoient mis leurs beaux habits : ils étoient faifis d'une joie muette ; ils ne difoient mot : quelques-uns parloient tout feuls.

Je pris mon parti ; j'entrai dans la chambre du Capitaine pour lui dire adieu. Il me ferra la main, & me dit, les larmes aux yeux : j'écris à ma mere. De tous côtés je ne voyois que des gens émus. J'appellai un pêcheur, & je defcendis dans fa barque. En mettant pied à terre, je remerciai Dieu de m'avoir enfin rendu à une vie naturelle.

EXPLICATION
DE QUELQUES TERMES DE MARINE,

A l'usage des Lecteurs qui ne sont pas Marins.

J'Ai joint à l'explication de quelques termes nautiques, employés dans ce Journal, des étymologies qui ne sont point sçavantes, mais conformes à l'esprit du peuple. Par-tout c'est le peuple qui donne le nom aux choses, & il les prend ordinairement de la partie la plus nécessaire de chaque objet; ainsi le bord d'un vaisseau étant sa partie principale, puisqu'on n'est séparé de la mer que par un *bord*, les marins disent aller à bord, être sur le *bord* pour dire aller, ou être sur le *vaisseau*.

Ne dit-on pas *la maison de Bourbon* est très-ancienne? Comme la maison renferme la famille, le peuple a transporté cé nom, à ceux qui l'habitent, à leurs ancêtres, & à leur postérité. Remarquez bien qu'il n'emploie que le nom de choses qui font à son propre usage. Pour désigner *la famille Royale*, il ne dit pas l'Hôtel, le Château, ou le Palais de Bourbon, parce qu'il n'habite lui-même que dans des maisons.

Les Arabes qui demeurerent fort long-temps sous des tentes, trouverent en se fixant dans des maisons que la *porte* en étoit la partie la plus essentielle : c'étoit aussi pour ce peuple errant, le lieu le plus agréable de ce logement; on sortoit par-là quand on vouloit. Ils ne donnerent point le nom de *maison* à la famille de leurs Souverains, mais celui de *porte* Ottomane.

Je crois les étymologies d'autant plus vraies, qu'elles sont plus simples. J'en dois quelques-unes au Chevalier Grenier, mon ami, Officier de mérite de la maifon du Roi : je lui fais hommage des meilleures ; je prends les autres pour mon compte.

A

Amarrer. Lier, attacher. Il est probable que les premiers marins attachoient ce qui étoit susceptible de mouvement autour du *mât.* Ulysse qui craignoit beaucoup les Sirenes, se fit attacher au mât. On *l'amarra.*

Amurrer une voile. Attacher la voile contre le bord, qui est aussi le *mur* du vaisseau.

Appareiller. Partir, s'en aller. Cette manœuvre se fait avec beaucoup de préparatif ou *d'appareil.* Tout l'Équipage est sur le pont. On leve l'ancre, on déferle les voiles, on hisse les huniers : tout le monde est en mouvement.

Ariver au vent. Lorsqu'un vaisseau reçoit le vent de côté dans ses voiles, s'il survient un orage imprévu, il obéit pour quelque temps à l'effort du vent, & lui préfente fa poupe. Il reçoit alors le vent par fon arriere. Il fe trouve par cette manœuvre dans la direction qui lui eft propre. *Ariver* fignifie ici céder & fe remettre dans fon lieu naturel. Ce mot n'a point de relation avec dériver. Souvent un vaiffeau dérive en *arivant*.

Arimage. Diftribution des marchandifes dans la calle, faite de maniere que rien ne fe dérange dans les roulis.

Artimon. mât près du *timon* : il fait venir au vent.

Aumonier. Eccléfiaftique qui fait les prieres & dit la meffe. J'imagine que nos ancêtres étoient fort charitables. Dans leurs courfes de guerre, & quelquefois de brigandage, ils menoient avec eux un Eccléfiaftique chargé de faire les *aumônes*. Les vaiffeaux ont auffi des *Aumôniers*, quoiqu'il n'y ait point de mendiants fur leur chemin.

I iv

B

Bord a été expliqué. On fait des *bords* ou on louvoye lorsqu'on présente alternativement un des bords du vaisseau au vent : sa route est alors en zigzag ; cette manœuvre ne se fait que quand le vent est contraire.

Bas-bord. C'est le bord gauche du vaisseau lorsqu'on est tourné vers l'avant. *Tribord* ou *stribord* est le côté droit.

Bau ou *beau*. Un vaisseau a différentes largeurs. Elles se mesurent entre les couples, qui sont des courbes dont la carene est formée. Ces pieces sont rares, & les premiers Charpentiers ont pu les trouver fort *belles*. Ils ont pu appeller *beaux* les espaces compris d'une courbe à l'autre. Le dernier de ces espaces est sur l'avant.

Voilà une étymologie comme celle de la Beauce. Gargantua qui la trouva belle s'écria, beau-ce : Gargantua peut fort bien être une allégorie du peuple.

Beau-pré ou *près du beau*. C'eſt un mât incliné ſur l'avant, au-delà & près du dernier *beau*. C'eſt par la même raiſon qu'aux Iſles les Charpentiers appellent *ben-join* un arbre aſſez commun, dont le *bois joint bien*.

Beauſoir ou *boſſoir*. Piece de bois qu'on poſe ou qu'on *aſſeoit* ſur le dernier *bau*: c'eſt-là ou s'attachent les ancres.

Banc-de-quart. C'eſt un *banc* où s'aſſied l'Officier qui commande le *quart*.

Berne, (Pavillon en). C'eſt un pavillon qui n'eſt plus flottant, & qui n'eſt plus en quelque ſorte dans ſes honneurs. On l'élève à la moitié de ſon mât ſans le déployer : ce ſignal ne ſe fait guères que dans les dangers.

Bout dehors. C'eſt un *bout* de mât ou de vergue qu'on met *dehors* à l'extrémité d'une autre vergue.

Bras. Ce ſont des cordages qui ſervent à faire mouvoir les vergues à droite ou à gauche. Ce font en quelque forte les bras de l'équipage, qui n'y fçauroit autrement atteindre.

Braffe. Diftance comprife entre les *bras* étendus d'un homme. Sur mer elle eft fixée à cinq pieds. Je crois avoir obfervé que les matelots ont les bras plus longs & les épaules plus groffes que les autres hommes. Ils exercent plus leurs bras que leurs jambes.

C.

Caille-botis. Ce font des panneaux de treillage à carreaux vuides. On en ferme l'efpace compris entre les gaillards, ce qui forme une efpece de pont, fous lequel l'air circule. Dans les gros tems on le couvre de toiles gaudronnées, appellés *prélats.* Cette conftruction eft ingénieufe, & il feroit peut-être poffible de former ainfi tous les ponts du vaiffeau; ce qui donneroit une libre circulation d'air jufques dans la calle.

On appelle *Caille-bote*, en Normandie, le lait *caillé* & *battu* qui forme une espece de rezeau. On appelle aussi *caille-boté* ou pommelé ces espaces blancs & bleus qui paroissent au Ciel lorsqu'il se dispose à changer.

Calle est la partie inférieure du creux d'un vaisseau. C'est le lieu où l'on met les marchandises. On dit d'un vaisseau qu'il est bien *callé*, lorsque sa charge est bien distribuée dans sa calle. Pour l'ordinaire on met au fond les poids les plus lourds; mais s'il y a une quantité considérable de fer ou de plomb, les mouvemens du vaisseau sont trop durs & l'exposent à rompre sa mâture. Il y a encore beaucoup de précautions à prendre pour l'arimage. Le Marquis de Castries étoit fort mal *callé*.

Cap, (avoir le). Ce mot vient du Portugais *il çapo*, la tête. Mettre *le cap* au nord, c'est tourner la proue du vaisseau, ou *sa tête* vers le nord.

Cape, (tenir la). Dans les gros tems,

lorsque le vent est contraire, on ne porte que peu de voiles : ordinairement c'est la misaine. On dirige *le cap* du vaisseau le plus près du vent qu'il est possible. Le vaisseau fatigue beaucoup dans cette position.

Carguer. C'est reployer les voiles, sans les lier, le long des vergues : ce qui se fait au moyen des cargue-fonds, qui sont des cordes qui retroussent la grande voile à-peu-près comme les rideaux d'un dais. Un Marin qui verroit lever la toile à l'Opéra diroit qu'on l'a carguée.

Civadiere, est la voile attachée au beaupré.

Coeffé (être) : lorsque les vents sautent tout-à-coup de la poupe à la proue, les voiles sont repoussées contre les mâts, qui en sont pour ainsi-dire coeffés : quelquefois on ne peut les descendre ni les manier. Un vaisseau alors est heureux d'en être quitte pour sa mâture, si le vent est fort.

Courant, quoique la mer ressemble à un grand étang, elle est remplie de courans particuliers. Nous avons peu d'observations sur cet objet, un des plus essentiels de la navigation. J'en ai vu de fort intéressantes sur les mers de l'Inde, faites par le Chevalier Grenier.

D.

Déferler les voiles. Les déployer.

Dégré, est la trois-cent-soixantieme partie d'un cercle. Sous l'équateur chaque dégré est de vingt lieues marines, ou de vingt-cinq lieues de France; mais comme les cercles deviennent plus petits en s'approchant du pole, les dégrés diminuent à proportion. Les dégrés de longitude sont nuls sous le pole. Il est très-probable qu'il y a aussi une grande différence entre les dégrés de latitude, sur-tout si la terre est fort applatie aux poles.

Dériver. Lorsqu'un vaisseau reçoit le vent de côté, il s'écarte sans cesse de la ligne droite fur laquelle il dirige fa route. Je ne connois point de moyen sûr d'évaluer la dérive. Les Pilotes y font fouvent embarraffés : à la fin du voyage ils rejettent leurs erreurs fur les courants.

Dunette. Efpece de tente d'une charpente légere fur l'arriere du vaiffeau.

E.

Écoute. Ce font des ouvertures obliques au bord du vaiffeau, par où paffent les cordes des voiles inférieures. Ces ouvertures reffemblent à celles qu'on pratique au mur des parloirs dans les Couvents, *pour écouter.* Comme il y a dans la marine beaucoup de termes Portugais, il n'eft pas étonnant qu'il s'y trouve des expreffions monaftiques.

Écoutilles. Sont de grandes ouvertures femblables à des trapes, au milieu des ponts du vaiffeau. C'eft par ces portes horifontales qu'on defcend dans les calles.

Entre-pont. Dans les premiers vaiſſeaux on fit les calles couvertes d'un ſeul plancher, qu'on appella un pont. Les matelots logeoient dans la calle ſous ce pont. Quand on fit de plus grands bâtimens, on trouva plus commode de ſéparer l'équipage des marchandiſes en leur ménageant un logement *entre* le *pont* & la calle.

Eſpontille. Petits pilaſtres de bois qui ſupportent les ponts.

Eſt. Le nom d'un des quatres vents principaux. C'eſt l'orient. On prétend que *eſt* ſignifie le voilà, en parlant du Soleil. *Sud* propter *ſudorem*, parce qu'à midi le ſoleil eſt chaud. *Ou-eſt. Où eſt-il?* parce qu'il diſparoît au couchant.

F.

Faſayer. Lorſque le vent, au lieu d'enfler la voile, la prend par le côté & l'agite en différens ſens, on dit qu'elle faſaye; il vient peut-être de *phaſe*, révolution.

Focqs. Voiles triangulaires difposées entre les mâts : elles ne fervent que quand le vent fouffle de côté. Leur nom pourroit bien venir de *focus* foyer, foit parce que quelques-unes font au-deffus des cuifines, foit parce que, leur plan étant dans l'axe du vaiffeau, elles fe trouvent dans les foyers de fes courbes. Au refte *coq*, cuifinier des matelots, vient évidemment de *coquus*, & nos Traiteurs portent le titre de Maîtres-Queux.

G.

Galerie. Efpece de balcon placé fur l'arriere des grands vaiffeaux. C'eft à la fois un ornement & une commodité. Il vient du vieux mot *gala*, *fe galer*, fe réjouir.

Gaillards. Ce font les extrémités du pont fupérieur. Celui de l'arriere s'étend jufqu'au grand mât : celui de l'avant commence au mât de mifaine & va jufqu'à la proue. C'eft où fe raffemble l'équipage pour fe

promener

promener & se réjouir. Il peut avoir la même origine que *galerie*. Le gaillard d'arriere est réservé aux seuls Officiers & passagers, qui n'en sont pas plus gais.

Garants. Sont des cordages qu'on passe, dans le gros tems, à la barre du gouvernail, pour l'assurer davantage, ou la *garantir*

Grains. Sont de petits orages de peu de durée. Ce sont en quelque sorte des *grains*, ou des parcelles de mauvais temps.

Grapins. Ancres des chaloupes. Celles du vaisseau n'ont que deux becs; celles-ci en ont quatre, ce qui leur donne la forme d'une *grappe*. Le poids des grosses ancres ne permet pas de leur donner quatre branches. D'ailleurs, par leur forme elles pourroient s'accrocher au bord. Je crois qu'il seroit possible d'en faire à trois becs, qui n'auroient pas cette incommodité, & qui auroient toujours l'avantage d'enfoncer à la fois deux de leurs becs dans le fond.

H

Hautsbans. Échelles de corde, qui affurent les mâts, & par où grimpent les matelots.

Hauteur (Prendre). A midi avec des quarts de cercles, ou plutôt des huitiemes appellés octans, on voit à quelle hauteur le foleil eft fur l'horifon. C'eft par-là que l'on trouve la latitude.

Hauts-fonds. Ce font les fonds élevés, qui font couverts de peu d'eau. La mer dans ces endroits change de couleur, & les vagues aux environs font plus fortes.

Hiffer. Élever en l'air quelque fardeau au moyen des poulies. Ce nom vient du bruit même de la manœuvre. On ne doit pas me chicaner celui-là. Les Latins appelloient *hiatus* le choc de deux voyelles.

Hune (Mât de). Il y a, comme on fçait,

trois mâts fur les grands vaiſſeaux : le grand mât qui eſt à-peu-près au milieu : le mât d'artimon qui eſt ſur l'arriere, & le mât de miſaine qui eſt ſur l'avant. On ne compte pas le beau-pré, qui eſt incliné & qui n'eſt pas *mâté*, c'eſt-à-dire, perpendiculaire. Le mât de pavillon ne porte pas de voile.

Les mâts ont une très-grande élevation. Il n'eſt pas poſſible de trouver des pieces de bois d'une longueur ſuffiſante, ſurtout pour le grand mât & le mât de miſaine, qui ont quelquefois plus de cent-trente pieds d'élevation : on les fait à trois étages. Dans le mât du milieu, l'arbre inférieur s'appelle le grand mât ; le ſupérieur, grand mât de hune ; le troiſieme & le plus élevé, grand mât de perroquet. Aux endroits où ils ſont attachés, il y a un eſpace autour en forme ronde, appellée hune. Les huniers ſont les voiles des mâts de hune.

I

Iole. Petite chaloupe fort légere & jolie.

Ce nom-là pourroit fort bien venir du Grec. Je n'en serois pas fâché pour l'honneur de notre marine. C'est la seule science qui ait emprunté ses termes des Barbares du nord ou des Portugais. Si quelque sçavant veut se donner la peine de rechercher cette origine, je le prie de faire attention que Hercule fût un des premiers marins, & que son ami Iolas étoit avec lui.

L

Latitude. On sçait que la latitude d'un lieu, est sa distance à l'équateur, & sa longitude, sa distance au premier méridien. Autrefois on commençoit à les compter du pic de Teneriffe; aujourd'hui chaque Nation maritime fait passer son premier méridien par sa Capitale. Il est bon d'y faire attention quand on voit des cartes ou des relations étrangeres.

Ligne. Il y a des gens simples qui croient qu'on voit la Ligne au Ciel : quelquefois de mauvais plaifans s'amufent fur le vaiffeau à la leur faire voir dans une lunette où ils mettent un fil. Il y a auffi des marins qui ne fçavent pas ce que c'eft que l'équateur, & qui ne connoiffent la Ligne, que parce qu'elle eft marquée d'un trait bien noir fur leurs cartes.

Liffes. Sont des barrieres le long des paffavants. Ce terme eft pris des tournois. Les Chevaliers entroient & fortoient des liffes. Il me femble que le nom de garde-fous conviendroit mieux à des vaiffeaux.

Louvoyer. Ce mot peut venir de *voye* & de *loup.* Les loups s'approchent de leur proye en fe tenant fous le vent, & en s'avançant eu zigzag. Voyez *bord.*

M.

Mât. Voyez hune.

Matelots vient de *mât*; & du vieux mot *oft*, troupe, *l'oft du mât.* On difoit l'oft des Grecs, pour l'armée des Grecs.

Marquis de Caftries. Ce n'eft point un nom de marine, mais celui d'un Officier très-respectable : c'étoit aussi le nom de notre vaisseau.

Le bon Plutarque dit que les Grecs appelloient leurs vaisseaux, l'heureuse prévoyance, la double sûreté, la bonne navigation. On peut voir à ces noms, qu'ils n'étoient pas grands marins : ils avoient peur.

Les Portugais & les Espagnols ont beaucoup de Saint-Antoine de Pade, de Saint-François, & .... ils sont dévots.

Les Anglois navigent sur le Northumberland, sur le Devonshire, sur la Ville de Londres, & les Hollandois ont beaucoup de Batavia, d'Amsterdam : ce sont des noms de ville ou de province ; ils sont républicains.

J'ai vu des vaisseaux du Roi qui s'appelloient la Boudeuse, l'Heure du Berger, la Brune & la Blonde & ... A la bonne-heure ; ces noms là valent bien ceux de Flore ou de Galathée ; mais pourquoi prendre pour des noms de guerre, l'Hector, le Spinx ou l'Hercule ? N'avons-nous pas le Turenne, le Condé, le Richelieu, le Sulli &c... pourquoi ne formons-nous pas des escadres de nos Grands-Hommes ? Il me semble que des noms chers à la Nation, en redoubleroient le courage.

On pourroit nommer nos Frégates du nom de nos Dames célèbres, par leur beauté ou par leur esprit. J'aimerois mieux la Marquise de Sévigné, de Brionne, ou la Comtesse d'Egmont, que Thétis & toutes ses Néréides.

Mouiller. Jetter l'ancre à la mer. On dit aussi *mouiller* l'ancre.

Misaine (Voile de). C'est la plus utile dans les gros temps : elle agit à l'extrémité du vaisseau, & le fait obéir promptement à l'action du gouvernail.

P.

Panne (Mettre en). Lorsqu'un vaisseau veut s'arrêter sans mouiller son ancre, il cargue ſes baſſes voiles; il diſpoſe les voiles de l'avant, de maniere que le vent les coeffe contre le mât, tandis qu'il enfle celles de l'arriere. Dans cette ſituation le vent fait ſur la voilure deux efforts contraires qui ſe compenſent. Le vaiſſeau reſte comme immobile.

Perroquet eſt la voile ſupérieure aux huniers. De loin cette petite voile, ſurmontée de la girouette, a quelque reſſemblance avec cet oiſeau.

Perruche eſt une voile placée au-deſſus du Perroquet. Il n'y a que les grands vaiſſeau qui en faſſent uſage. Ces deux petites voilures ſont d'une médiocre utilité. Elles ſont à l'extrémité d'un trop grand levier; & leur effort ne ſert guère qu'à faire ployer le mât en avant : il vaudroit mieux augmenter la largeur des voiles, que leur élevation.

Plat-bord. C'eſt la partie du pont qui avoiſine le bord. Le bord du vaiſſeau eſt en quelque ſorte perpendiculaire. Le pont qui dans un fens eſt auſſi un *bord*, eſt dans une ſituation horiſontale ou à *plat*.

Plus-près (Être au). Lorſque le vent vient du point même où le vaiſſeau veut aller, on diſpoſe la voilure de maniere à s'approcher du vent le *plus près* qu'on peut.

Pont. C'eſt le plancher du vaiſſeau : il eſt un peu convexe, pour l'écoulement de l'eau. Un vaiſſeau à trois ponts, eſt celui dont le creux eſt diviſé en trois étages.

Q

Quarts. On devroit plutôt dire des *quints*. Sur mer on diviſe le jour de vingt-quatre heures en cinq portions, appellés *quarts*. Le premier commence depuis midi juſqu'à ſix heures. Le ſecond, depuis ſix heures juſqu'à minuit. Les trois derniers quarts ſont formés des douze heures qui reſtent, & chacun d'eux eſt de quatre heures. L'Équipage, partagé en deux brigades, veille & se releve alternativement.

R

Refcifs. Sont des rochers à fleur d'eau; où la mer brise, & où les vaisseaux se mettent en pieces quand ils y échouent. Ce mot peut venir du Latin *refcindere*, couper, trancher. Il y a des *refcifs* sur la côte de Bretagne, qu'on appelle les charpentiers.

Ris. On devroit dire des *rides*. On prend des *ris* dans le hunier, lorsqu'on ride une partie de cette voile sur sa vergue, quand la violence du vent ne permet pas de l'expofer toute entiere.

Roulis. Balancement d'un vaiffeau sur sa largeur. Le *tangage* est son balancement sur sa longueur. Un vaiffeau *roule* vent arriere; il *tangue* au plus près. Le premier mouvement est moins dangereux:

le second fatigue beaucoup la quille & la *mâture*.

S

Sabords. Sont des ouvertures par où passent les canons. Ce mot peut venir de *sas* & de *bord*, trous ou pertuis au bord. En quelques endroits on appelle *sas*, un crible : on dit sasser la farine.

Sainte-Barbe. C'est le nom de la patrone, & du lieu où l'on met les poudres. C'étoit une martyre qui fut renfermée dans le souterrain d'une tour. Comme nous y logeons aussi nos poudres, nos Canoniers les ont mises sous sa protection. Ils la représentent aux genoux de son pere armé d'un grand sabre, dont il va lui couper la tête, au pied d'une tour dont la plate-forme est couverte d'artillerie. Ce fait, que l'on rapporte, je crois, au temps de Dioclétien, est contredit par la nature, & ces tableaux par le costume.

T

Tangage. Voyez *roulis.*
Tribord. Voyez *bas-bord.*

V

Vent (Venir au). Lorsqu'un vaisseau a trop de voilure sur l'ariére, sa proue vient dans le vent. Les voiles du mât d'artimon contribuent beaucoup à ce mouvement.

Vergue, de *virga* verge ou branche. Les vergues du mât sont comme les branches d'un arbre.

Virer. Tourner. On vire le cable; on vire de bord. Comme ces manœuvres emploient beaucoup d'efforts, il y a apparence que *virer* vient de *vis*, force, dont on a fait aussi *vir* un homme.

Je ne garantis aucune de ces étymologies; mais elles ont cela de commode, qu'en rapprochant le nom des choses, de leurs usages, elles les expliquent; & c'étoit ce que je m'étois proposé.

ENTRETIENS
SUR LES ARBRES, LES FLEURS ET LES FRUITS.

DIALOGUE PREMIER.
DES ARBRES.

UNE DAME ET UN VOYAGEUR.

LA DAME.

Vous m'avez donné, Monsieur, des curiosités fort rares. Comment appellez-vous ces jolis arbres de pierre qui ont des racines, des tiges, des masses de feuilles, & même des fleurs couleur de pêcher, dites-vous? S'ils étoient verds, on les prendroit pour des plantes de nos jardins.

Le Voyageur.

Madame, ce sont des madrépores. Rien n'est si commun dans les mers des Indes. Presque toutes les Isles en sont environnées. Ils croissent sous l'eau & y forment des forêts de plusieurs lieues. On y voit nager des poissons de toutes couleurs, comme les oiseaux volent dans nos bois.

La Dame.

Ce doit être un spectacle charmant. Avez-vous apporté des fruits de ces arbres-là ?

Le Voyageur.

Ces plantes ne donnent point de fruits ; ce ne sont point des végétaux : ils sont l'ouvrage de petits animaux qui travaillent en société.

La Dame.

Je ne m'en serois jamais doutée.

Le Voyageur.

Il y a quelque chose de plus merveilleux. Vous voyez avec mes madrépores, des arbrisseaux qui ont de véritables feuilles, & dont les branches sont flexibles comme le bois : ce sont des lithophites. Ces lithophites & ces coraux sont également l'ouvrage de petits animaux marins.

La Dame.

Mais enfin, quelle preuve en a-t-on ?

Le Voyageur.

On les a vus avec de bons microscopes. La Chymie a fait sur eux quelques expériences toujours un peu douteuses, parce qu'elle ne raisonne que sur ce qu'elle détruit (*). Enfin, on a conclu que ces ou-

---

(*) Lorsque la Chymie décompose une pêche ou un melon, elle trouve le même résultat.

vrages si réguliers devoient appartenir à des êtres doués d'un esprit d'ordre & d'intelligence.

Après tout, de petits arbrisseaux ne sont pas plus difficiles à faire que les cellules de cire à six pans que maçonnent nos abeilles. On a disputé quelque temps ; à la fin tout le monde est resté d'accord.

LA DAME.

Si tout le monde le dit, il faut bien

Une plante venimeuse & une plante alimentaire, paroissent dans ses opérations, formées des mêmes élémens. Il est vrai qu'en brûlant des matieres animales, il s'en exhale une odeur alkaline, qui se retrouve dans la combustion des madrépores: mais nous avons des plantes végétales qui, même sans être détruites, ont le goût & l'odeur de la viande bouillie, de morue seche, &c. D'ailleurs, comment imaginer qu'il y ait une différence réelle entre les élémens du végétal & de l'animal, lorsqu'on voit un bœuf changer en sa substance l'herbe d'un pré ?

le croire.

le croire. Je ne ferai pas feule d'un avis contraire.

LE VOYAGEUR.

Ah! fi j'ofois, j'aurois quelque chofe de bien plus difficile à vous faire croire.

LA DAME.

Ofez, Monfieur. Il y a tant de chofes incompréhenfibles où il faut s'en rapporter à l'opinion publique!

LE VOYAGEUR.

Malheureufement mon opinion eft à moi feul.

LA DAME.

Tant mieux; j'aurai le plaifir de la combattre. Quand nous paroiffons dans le monde notre catéchifme eft tout fait. Les hommes nous ont prefcrit ce que nous devions penfer, defirer, & faire. J'aime à rencontrer des gens qui ne font pas de l'avis des autres : on a le plaisir de détruire une erreur, ou d'adopter une vérité nouvelle. Voyons votre hérésie.

Le Voyageur.

Madame, je crois que les fleurs de votre parterre, & les arbres de votre parc sont habités.

La Dame.

Vous croyez aux Hamadryades? Vraiment votre système est renouvellé des Grecs. Je suis fâchée qu'on ait quitté leur philosophie ; elle étoit plus touchante que la nôtre. J'aimerois à croire que mes lauriers sont autant de Daphnés.

Le Voyageur.

Les Anciens étoient peut-être aussi ignorans que nous ; mais je ne suis ni de leur avis ni de celui des modernes.

LA DAME.

Quels font donc les habitans de nos forêts ?

LE VOYAGEUR.

Ceux qu'ils logeoient dans les plantes étoient prefque tous des infortunés ou des étourdis. L'un avoit été tué au palet, l'autre étoit mort à force de s'aimer lui-même. Ils n'étoient pas plus heureux dans leur nouvelle condition. Un payfan coupoit bras & jambes aux fœurs de Phaéton, pour faire un mauvais fagot de peuplier. Mes habitans font très-fages, très-ingénieux, & n'ont rien à rifquer.

LA DAME.

Je vous vois venir. Voilà une idée prife de vos arbres de mer. Mais, Monfieur, je vous avertis que je ne croirai point à vos animaux, que vous ne me les ayez fait voir occupés de leur travail.

Le Voyageur.

Madame, vous avez cru ce que je vous ai dit des madrépores, dont personne ne doute.

La Dame.

La chose n'intéresse personne. On s'embarrasse peu de ce qui se passe au fond de l'eau : mais des objets qui sont sous la main, dont tout le monde fait usage, sur lesquels on a une opinion reçue, sont bien différens. Faites-moi voir, & je croirai.

Le Voyageur

Si vous étiez sur le sommet d'une très-haute montagne, & que vous vissiez à vos pieds la ville de Paris, vous jugeriez que ses clochers, ses rues, ses places si régulieres, sont l'ouvrage des hommes quoique les habitans échappassent à votre vue?

LA DAME.

Oh! quand on fçait une fois qu'une Ville est l'ouvrage des hommes, la vue d'une autre Ville rappelle la même idée.

LE VOYAGEUR.

Eh bien! puisque nos plantes ressemblent aux madrépores, leurs habitans se ressemblent aussi.

LA DAME.

Prouvez-moi qu'elles sont habitées comme s'il n'y avoit pas de mer dans le monde. Les gens qui raisonnent par analogie, sont trop à craindre.

LE VOYAGEUR.

Vous m'avez invité au combat, & vous m'ôtez le choix des armes.

LA DAME.

C'est qu'elles sont trop dangereuses entre les mains des hommes. Quand ils n'ont pas de bonnes raisons à nous donner, ils nous citent des autorités, des exemples, & finissent par nous persuader quelque sottise.

LE VOYAGEUR.

Mes animaux sont si petits, qu'ils échappent à notre vue. Si j'avois un microscope, je vous ferois voir des animaux vivants, dans des feuilles : vous seriez persuadée tout d'un coup.

LA DAME.

Oh! non. J'en ai vu : j'ai vu même cette poussiere si fine qui couvre les ailes des papillons ; c'étoient de fort belles plumes. Il ne s'agit pas de prouver qu'il y a des animaux dans le suc des plantes, mais qu'elles font fabriquées par eux. Il faut prouver qu'un arbre n'eft pas un affemblage ingénieux de pompes & de tuyaux, où la feve monte & defcend. Vous m'obligez de me fervir de toute ma fcience.

LE VOYAGEUR.

Madame, on a piqué dans vos prairies, des tronçons de faule, qui ont pouffé des racines & des feuilles; fi on y avoit planté une des pompes de Marly, croyez-vous qu'il y feroit venu une machine hydraulique?

LA DAME.

Quelle folie! Chaque partie des arbres eft une machine vivante & entiere, que l'humidité & la chaleur mettent en mouvement. C'eft un ouvrage de la nature, bien fupérieur aux nôtres.

LE VOYAGEUR.

Toutes les machines de la nature ont

une organisation intérieure, qui ne les rend propres qu'à produire un certain effet, & par un endroit particulier. Par exemple: on voit dans l'oreille un tympan élastique & concave, propre à rendre les sons, & dans l'œil des membranes transparentes & convexes, qui rassemblent les rayons de lumieres sur la retine. L'œil est évidemment construit pour voir, & l'oreille pour entendre. Jamais un aveugle ne verra par son ouie, & un sourd n'entendra par sa vue.

La Dame.

Vous vous donnez bien de la peine pour prouver ce qui est évident.

Le Voyageur.

Si donc un arbre est une machine, il doit avoir un lieu destiné à donner des feuilles, & un autre pour les racines. Les premieres viendront toujours à une extrémité, & les chevelus de la racine, à l'autre.

La Dame.

Il faut que je vous aide. Vous pouvez ajoûter qu'un bourgeon de feuilles ne donne point de fruit : je fcais très-bien les connoître.

Le Voyageur.

Eh bien ! Madame, fi vous faites replanter vos faules la tête en bas, leurs racines donneront des feuilles.

La Dame.

J'imagine, Monfieur, que vous ne feriez pas affez hardi pour me citer des faits douteux.

Le Voyageur.

Celui-ci eft très-certain. Croyez-vous que fi on renverfoit la Samaritaine dans la riviere, il monteroit beaucoup d'eau dans fon réfervoir ?

La Dame.

Je n'ai rien à dire : on ne s'attend pas à une expérience folle... Mais peut-être chaque partie change d'usage en changeant de position.

Le Voyageur.

Toutes ces loix composées & variables ne ressemblent point à celles de la nature : elles sont simples & constantes. Dans toutes les machines que l'homme à examinées, chaque partie a son effet, qu'on ne peut changer en un autre. Qu'un animal reste couché toute la vie, il ne lui viendra point de pattes sur le dos.

La Dame.

Si le fait du saule renversé est vrai, comment l'expliquez-vous? Voyons votre système : après tout, j'aime mieux l'attaquer que de défendre le mien. La défense n'est pas aisée, & les hommes nous chargent toujours du rôle le plus difficile.

Le Voyageur.

Je pense, Madame, qu'un arbre est une république. Lorsqu'on a planté le long de ce ruisseau des branches de saule, les petits animaux qui y étoient renfermés se sont portés au plus pressé. On a laissé tous les accessoires. Les feuilles ont été abandonnées & sont tombées. Les uns se sont occupés à clore la breche qu'on avoit faite à leur habitation, en la fermant par un bourrelet. Les autres ont poussé en terre des galeries souterraines, pour chercher des vivres & des matériaux propre à la communauté. S'ils ont rencontré un rocher, ils se sont détournés, ou ils l'ont environné de leur ouvrage, pour en faire un point d'appui. Dans quelques especes comme ceux du chêne, ils ont coutume d'enfoncer un long pivot qui soutient toute l'habitation. Chaque nation a sa maniere.

L'une bâtit fur pilotis, comme les Vénitiens ; l'autre fur la furface de la terre, comme les Sauvages élèvent leurs cabannes.

Quand le défordre a été réparé, on a cherché à multiplier les vivres. Il paroît que chez ces petits républicains, la population eft fort prompte, parce que la fubfiftance eft fort aifée. Ils vivent d'huiles & de fels volatils, dont l'air & la terre font remplis. Pour faifir ceux qui font dans l'air, ils ont imaginé de faire ce que font les matelots fur les vaiffeaux où ils manquent d'eau douce ; quand il pleut ils étendent des voiles : de même ils fe font empreffés à déployer les feuilles comme autant de furfaces. Pour empêcher le vent d'emporter leurs tentes, ils les ont attachées fur un feul point d'appui, à l'extrémité d'une queue fouple & élaftique, ce qui eft très-bien imaginé.

Les uns montent par le tronc avec des gouttes de liqueur, les autres redefcendent par l'écorce avec les alimens fuperflus. Vous jugez bien que si on renverse leur ouvrage comme dans l'expérience du saule, mes architectes ne perdront pas la tête : c'est comme si vous renversiez une ruche.

La Dame.

On pourroit expliquer cela par une seve qui monte & descend d'elle-même, & qui prend dans les conduits de l'arbre, une forme constante, comme l'or qui passe à la filiere.

Le Voyageur.

Si la seve formoit les feuilles, elle formeroit également les fleurs & les fruits. Mais dans un sauvageon enté, les fruits de l'ente sont bons, tandis que ceux du pied ne changent point de nature. Si la seve qui a monté par le tronc de l'ente, & qui est redescendue par son écorce, avoit acquis quelque qualité, elle se découvriroit dans les fruits du sauvageon. Pourquoi cela n'arrive-t-il pas ?

LA DAME.

C'eſt à vous à vous défendre.

LE VOYAGEUR.

Les animaux du ſauvageon apportent des matériaux pour fermer la breche ; ceux de l'ente les prennent à meſure qu'ils arrivent : ils en fabriquent des fruits excellens, tandis que les autres n'en font rien qui vaille. La matiere eſt la même, les conduits ſont communs, mais les ouvriers ſont différens.

LA DAME.

Si les arbres étoient peuplés d'animaux, l'hiver les feroit tous mourir ; car vous ne me perſuaderez pas qu'ils ont des fourrures comme les Caſtors.

LE VOYAGEUR.

Ils ont eu la précaution d'envelopper

leurs maisons de plusieurs étoffes fort épaisses. Les unes sont souples comme des cuirs, les autres bien seches, & semblables à une grosse croûte. Personne n'est assez mal avisé pour se loger dans cette enceinte extérieure. Les arbres du nord comme le sapin & le bouleau, ont jusqu'à trois écorces différentes.

La Dame.

Selon vous, les arbres des pays chauds n'en ont donc point ?

Le Voyageur.

Ils n'ont que des pellicules par où la seve descend : mais je n'y ai jamais vu de ces écorces raboteuses, insensibles & multipliées, qui paroissent nécessaires aux arbres des pays froids. Comparez l'oranger au pommier qui vient cependant dans les climats tempérés.

La Dame.

Vous m'étonnez, mais vous ne me persuadez pas. Si un arbre n'étoit pas une machine, il n'auroit pas reçu toutes ses dimensions, comme les machines des bêtes qui ont, chacune, une grandeur fixe. Selon vous un arbre croîtroit toujours. Vos petits animaux étant toujours en action, on verroit des chênes gros comme des montagnes, un cerisier s'élèveroit autant qu'un orme ; ce seroient des travaux monstrueux & sans fin, & nous voyons le contraire.

Le Voyageur.

A quoi sert l'élévation pour le bonheur? Ces petits animaux ont beaucoup de sagesse ; ils proportionnent toujours la hauteur de leur édifice à sa base.

En jettant les fondemens de leur habitation, ils trouvent de grands obstacles dans la terre. C'est le voisinage d'un autre arbre; ce sont des rochers; c'est à quelques pieds de profondeur un mauvais sol. En l'air, rien ne les arrête que la considération de leur propre sûreté. La preuve en est bien forte; c'est que les plantes qui s'accrochent, vont toujours en s'allongeant sans s'arrêter. Il y a des liannes aux Isles, dont il ne seroit pas facile de trouver les deux bouts. Voyez jusqu'où s'élèvent les haricots qui grimpent, tandis que la féve de marais acquiert à peine trois pieds de hauteur : cependant ces deux légumes naissent & meurent dans la même année. La fortune de ceux qui rempent paroît sûre; ceux qui s'élèvent d'eux-mêmes sont plus circonspects. Les arbres qui croissent sur les montagnes sont peu élevés : ceux de la même espèce qui viennent dans des vallons resserrés & profonds, n'ayant rien à craindre des vents, s'élèvent avec plus de hardiesse : ils sont beaucoup plus grands.

Je suis persuadé que, si la tige d'un orme

traverfoit, dans fon élévation, plufieurs terraffes, fes habitans raffurés y enfonceroient des pivots, & élèveroient fa tête à une hauteur prodigieufe.

La Dame.

Vous m'affurez cela bien gratuitement. Vous devenez hardi.

Le Voyageur.

J'ai vu aux Indes, les liannes dont je vous parle. J'y ai vu de nos plantes potageres devenir vivaces, & de nos herbes devenir des arbriffeaux. Les Chinois font fur les arbres une expérience curieufe, qui prouve pour mon opinion. Ils choififfent fur un oranger, une branche avec fon fruit; ils la ferrent fortement d'un fil de cuivre: ils environnent cet étranglement de terre humide; il s'y forme un bourrelet & des racines: on coupe ce petit arbre, & on le fert fur la table avec fon gros fruit. Si on l'avoit laiffé fur pied, n'auroit-il pas formé un fecond étage d'oranger ?

La preuve donc que les arbres ne font pas des machines, c'eft qu'ils peuvent toujours croître, & qu'ils n'ont pas une grandeur déterminée.

La Dame.

Vous n'avez évité un mauvais pas que pour tomber dans un autre. Selon vous, les arbres ne devroient jamais mourir. Un arbre étant une efpece de ville, dont les familles fe reperpétuent, on devroit voir des chênes auffi vieux que Paris.

Le Voyageur.

Tout a fon terme ; à la longue les canaux s'obftruent. On prétend que les chênes vivent trois-cents ans. Trouvez-moi une ville dont les maifons aient duré fi longtems fans fe renouveller. Les quartiers de

Paris qui exiſtoient il y a trois ſiècles, ne ſubſiſtent pas plus que les hommes qui les habitoient : il faut en excepter quelques édifices publics.

La Dame.

Trois-cents ans font une belle vieilleſſe: auſſi je reſpecte beaucoup les vieux arbres. Je n'ai pas voulu faire abbatre ceux de mon parc : ils ont vu mes ayeux, & ils verront mes petits enfans. Cette idée-là me touche. Demain nous continuerons: je vous donne rendez-vous au milieu de mes fleurs.

DIALOGUE SECOND.
DES FLEURS.

La Dame.

J'ai fait des rêves charmans. Je me croyois une reine plus puissante que Sémiramis. Dans chaque plante de mon jardin j'avois une nation laborieuse, toute occupée à travailler pour moi. Les peuples du nord & ceux du midi vivoient sous mon empire. Je voyois les habitans du sapin, couvrir leur habitation d'épaisses fourrures, & ceux de l'oranger s'habiller à la légere, comme s'ils étoient sous les tropiques.

Le Voyageur.

Je suis charmé que mon système vous plaise; vous commencez à en être persuadée.

La Dame.

Oh! je n'en crois pas un mot. Vos animaux ne reſſemblent point à ceux que nous connoiſſons : il paroît qu'ils n'ont aucun des ſens les plus communs. Ont-ils le goût, la reſpiration, la vue, le toucher? Vous parlez bien de leurs actions, mais vous vous gardez bien de toucher à leurs perſonnes.

Le Voyageur.

Madame, vous me faites une mauvaiſe querelle. Doutez-vous que les Romains, qui ont bâti l'amphitéâtre de Nîmes, n'aient bu, mangé & dormi, quoique les Hiſtoriens qui parlent de ce monument n'en faſſent pas mention.

Il y a des choſes qui ſautent aux yeux. Vous faites arroſer tous les jours votre parterre, & vous demandez ſi ſes habitans boivent? Vous ſçavez que quand les plantes manquent d'air elles périssent, & vous demandez s'ils respirent ? Vous voyez beaucoup de fleurs se refermer pendant la nuit (*) ; il y a même des arbres, comme le tamarinier, dont toutes les feuilles se reclósent dans les ténèbres ; ils sont donc sensibles à la lumiere. N'avez-vous pas vu la sensitive se mouvoir & se resserrer dès qu'on la touche ?

La Dame.

J'en ai été bien étonnée. On prétendoit que c'étoit un effet produit par la chaleur de la main : mais je vous assure qu'elle faisoit le même mouvement quand on la touchoit avec une canne. (**)

(*) Non-seulement les fleurs se referment pendant la nuit, mais il y en a qui changent de couleurs.

(**) Un bâton, une pierre jettée, & même le vent, font mouvoir la sensitive d'un mouvement intérieur & apparent.

Le Voyageur.

On expliquoit de même par la chaleur, la contraction des fleurs, comme si le même effet n'arrivoit pas toutes les nuits, quelle que soit leur température. J'ai vérifié aussi la fausseté de ce raisonnement.

La Dame.

Vous m'avez échappé, mais je vous rattraperai. Répondez à cette objection ? Il n'y a point d'animaux qui fassent des travaux inutiles pour eux : cependant les vôtres bâtissent des fleurs, qui ne font qu'un objet d'agrément pour les hommes, de grandes roses qui ne durent qu'un jour, & qui ne leur servent à rien.

Le Voyageur.

Il faut reprendre le fil de leur histoire. Lorsque la nation est devenue nombreuse, elle songe à envoyer des Colonies au dehors. On choisit les beaux jours du printemps pour travailler aux provisions des émigrans. On apporte le sucre, le lait & le miel. Ces riches denrées sont déposées dans des bâtimens construits avec un art admirable. L'action du soleil paroît ici de la plus grande importance, soit à perfectionner les vivres, soit plutôt à échauffer l'ardeur des mariages. Il paroît que chez ces peuples on ne fait point de détachement au dehors, sans unir chaque citoyen par le lien le plus puissant qui soit dans la nature. Nous faisions autrefois la même chose dans nos premiers établissemens au Mississipi. On y envoyoit des vaisseaux tous chargés de nouveaux mariés.

Les mâles élèvent des pistiles, au sommet desquels ils se logent dans des poussieres dorées; de-là ils se laissent tomber au fonds des fleurs, où les attendent leurs épouses.

Il paroît que la fleur est l'ouvrage

des femmes. Elle est formée avec de riches tentures de pourpre, de bleu céleste, ou de satin blanc. C'est une chambre nuptiale, d'où s'exhalent les plus doux parfums. Souvent c'est un vaste Temple, où se célèbrent à la fois plusieurs hymens; alors chaque feuille est un lit, chaque étamine une épouse, & plusieurs familles viennent habiter sous le même toit.

Quelquefois les femelles paroissent seules sur un arbre, & les mâles sur un autre. Peut-être dans ces républiques, le sexe le plus fort subjugue le plus foible, & dédaigne de l'associer aux fêtes publiques, quoiqu'il s'en serve pour les besoins particuliers; à-peu-près comme les Amazones, qui avoient des esclaves mâles, mais qui ne s'allioient qu'aux peuples libres.

Sur le palmier, la femelle dresse seule le lit conjugal : si le mâle dans une forêt éloignée apperçoit le temple de l'amour, il se laisse aller au gré des vents, sur des poussieres que les Botanistes appellent fécondantes.

La Dame.

En vérité, Monsieur, vous vous laissez aller à votre imagination. De tout ce que vous avez dit, je n'ai fait attention qu'à la forme de la fleur. Vous la croyez propre à réunir la chaleur ? C'est une idée nouvelle, & qui me plaît : j'aime à croire qu'une rose est un petit reverbere.

Le Voyageur.

Observez, je vous prie, que le plan des fleurs est presque toujours circulaire, de quelque forme que soit le fruit. Leurs feuilles, ou corolles sont disposées autour, comme des miroirs plans, sphériques, ou elliptiques, propres à réfléchir la chaleur au foyer de leurs courbes : c'est-là où doit se former l'embrion qui contient la graine. Les fleurs qui donnent des graines sont simples, parce qu'il eût été inutile de mettre des miroirs derriere d'autres miroirs.

Dans les végétaux dont le suc est visqueux & plus difficile à échauffer, comme les plantes bulbeuses & aquatiques, mes petits géomètres construisent des reverberes contournés en fourneaux; ce sont des portions de cylindre, de larges entonnoirs, ou des cloches. C'est ce que vous pouvez voir dans les lys, les tulipes, les hiacintes, les jonquilles, le muguet, les narcisses, &c... Ceux qui travaillent dès l'hiver adoptent aussi cette disposition avantageuse, comme on le voit dans les perceneiges, & les primeveres.

Ceux qui bâtissent à une exposition découverte, & qui s'élèvent peu, (*)

―――――――――――

(*) Les plantes qui s'élèvent peu sont échauffées par le sol même. En beaucoup d'endroits l'herbe conserve sa verdure toute l'année. Les mousses fleurissent en hiver.

comme la marguerite & le piſſenlit, font des miroirs preſque plans. Ceux qui font un peu plus à l'ombre, comme dans les violettes & les fraiſes, ſe forment des miroirs plus concaves.

Ceux qui travaillent à s'expatrier dans une ſaiſon chaude, découpent la circonférence de la fleur, afin de diminuer ſon effet, telles ſont les cruciées, les bluets, les œillets, &c.... D'autres en chiffonnent les pavillons, comme ceux de la grenade & du coquelicot, ou ils ceſſent d'en préſenter le diſque au ſoleil, & naiſſent à l'abri des feuilles, comme dans les papillonnacées, dont la forme n'eſt plus propre à réunir les rayons directs du ſoleil, mais à raſſembler une chaleur réflétée.

Ils ont encore une induſtrie : c'eſt que les fleurs de l'été, qui ont de grands baſſins, ne ſont attachées qu'à des ligamens très-foibles ; elles défleuriſſent vîte : telles ſont le coquelicot, le pavot, les roſes de Provence, les fleurs de grenade.

Il y en a, comme les plantes appellées foleils, qui n'ont que des rayons de feuilles autour de leur circonférence : mais la fleur eſt poſée ſur un genou flexible, & tous ſes habitans font attentifs à la tourner vers le ſoleil. Ne croiriez-vous pas voir des académiciens qui dirigent vers cet aſtre un grand miroir ou un long téleſcope.

La Dame.

Mais la couleur des fleurs ne ſerviroit-elle pas encore à l'effet des rayons réfléchis?

Le Voyageur.

Je ſuis charmé, Madame, que vous me fourniſſiez cette obſervation. Le blanc & le jaune ſont comme vous le ſçavez les plus favorables : auſſi la plupart des fleurs du printems & de l'automne ne ſortent gueres de ces teintes légeres ; avec une chaleur foible il falloit des miroirs fort actifs.

Celles de ces deux faisons qui ont des réverberes d'un rouge foncé, comme les anémones, les pivoines & quelques tulipes, ont leur centre noir & propre à absorber directement les rayons. Les fleurs d'été ont des couleurs plus foncées & moins propres à réverberer. On trouve dans cette faison beaucoup de bleu & de rouge, mais le noir est très-rare, parce qu'il ne réfléchit rien du tout. (*)

L'élévation des plantes, la grandeur, la couleur & la coupe de leurs fleurs paroissent combinées entre elles. Cette maniere nouvelle de les considérer peut exercer la plus sublime géométrie.

La Dame.

Je suis bien aise que vous donniez à mes fleurs un air sçavant; je croyois qu'elles

---

(*) Dans les pavots, dont la couleur est brune & très-foncée, on remarque quel es corolles font brûlées du soleil avant que la fleur soit tout-à-fait développée.

n'étoient faites que pour plaire. Mais pourquoi les fleurs qui mûrissent des graines inutiles sont-elles si belles, tandis que celles du bled, de l'olivier & de la vigne sont si petites ?

Le Voyageur.

La nature fait souvent des compensations. Elle a peut-être voulu nous donner le nécessaire avec simplicité, & le superflu avec magnificence.

La Dame.

A vous entendre, dans les pays très-chauds les fleurs doivent être fort rares.

Le Voyageur.

Entre les tropiques je n'ai vu aucune fleur apparente dans les prairies, quoiqu'on ait essayé d'y faire venir des marguerites, des trefles, des bassinets, &c. La plupart même de celles d'Europe n'y réuſſiſſent pas dans les jardins. De grands réverberes donnent trop de chaleur.

LA DAME.

Aucun Voyageur n'avoit encore dit cela. Ces prairies doivent être bien triſtes. Les arbres de ces pays ne doivent donc pas porter de fleurs ?

LE VOYAGEUR.

Pardonnez-moi. Sans fleurs il n'y a pas de graines.

Quand les arbres des Indes ſont bien feuillés les fleurs naiſſent à l'abri des feuilles. Leur circonférence n'eſt jamais bien entiere, comme vous pouvez le voir dans celles des fleurs d'oranger & de citronnier.

Quand les arbres ont peu de feuilles, comme une eſpece appellée agathis, & les familles des palmiers, tels que les dattiers, cocotiers, lataniers, palmiſtes, &c. leurs fleurs naissent en grappes pendantes. Dans cette situation renversée, elles ne sçauroient être brûlées par un soleil trop ardent : il ne s'y rassemble qu'une chaleur réfléchie. Les arbres de nos climats qui donnent des grappes de fleurs, les portent droites comme le troesne, la vigne, le lilas, &c.

La Dame.

Il me semble que les petits animaux des Indes ont plus d'esprit que ceux d'Europe.

Le Voyageur.

Ils ont des besoins contraires. Dans nos climats il leur faut de la chaleur : aussi les nôtres bâtissent les fleurs avant les feuilles, & les ouvrent à découvert au premier jour du printems, comme on le voit dans les amandiers, pêchers, abricotiers, cerisiers, poiriers, pruniers, coudriers, & même dans les ormes & les saules. Leur forme est ordinairement en rose, ce qui donne des formes de miroir bien concaves & bien circulaires.

Dans les pays du nord, ils bâtissent des fleurs solides formées de chatons & d'écailles. Elles sont rangées sur des cônes comme sur des espaliers. Les fleurs & les parois qui les appuient sont échauffés à la fois par le soleil. Celles des sapins & des bouleaux en seroient brûlés dans les pays chauds: aussi ces arbres n'y peuvent-ils croître.

Enfin une preuve bien forte que les feuilles des fleurs servent à échauffer l'embrion ou est la graine, c'est qu'on ne les trouve pas sur les fleurs mâles qui naissent sur des arbres séparés; ces parties n'y seroient d'aucune utilité.

LA DAME.

Voilà qui est admirable de quelque façon que cela arrive. Il me semble que je pourrois faire mûrir ici du caffé en mettant des réverberes autour des fleurs. Il me semble qu'à l'inspection de la fleur on peut juger fi l'arbre qui la donne réfiftera à un climat ardent. Je croirois bien que les papillonnacées peuvent y réuffir, parce qu'elles font renverfées.

Le Voyageur.

Vous avez raifon, Madame ; les fleurs de beaucoup d'arbres & d'arbriffeaux de l'Inde ont cette forme ; beaucoup donnent des fruits légumineux, ce qui eft très-rare en Europe. Ici les fruits femblent chercher le foleil, là ils femblent l'éviter. La plupart naiffent au tronc ou pendent à des grappes.

La Dame.

Vous ne m'échapperez pas de tout le jour, vous viendrez dîner avec moi, nous raifonnerons fur les fruits au deffert. Je ne peux pas fournir à votre fyftême une meilleure bibliothèque. Vous tirerez parti des livres d'une maniere ou d'autre.

DIALOGUE TROISIEME.

DES FRUITS.

La Dame.

JE trouve un grand défaut à votre systême ; vos animaux raisonnent trop conséquemment ; ils sont plus sages que les hommes.

Le Voyageur.

C'est que l'homme acquiert son expérience, & l'animal la reçoit. L'araignée file dès qu'elle sort de son œuf. La portion d'intelligence qui a été donnée à chaque espece est toujours parfaite & suffit à ses besoins. Je vous prie même d'observer que plus l'animal est petit, plus il est induſtrieux. Dans les oiſeaux, l'hirondelle eſt plus adroite que l'autruche : dans les inſectes c'eſt la fourmi. Il ſemble que l'adreſſe a été donnée aux plus foibles comme une compenſation de la force. Comme mes animaux ſont très-petits, il y a apparence qu'ils ſont très-prudens.

La Dame.

J'ai bien envie de les voir partir pour les Colonies.

Le Voyageur.

Dès qu'une chaleur ſuffiſante raſſemblée par la fleur a réuni les familles au fond des calices, toute la nation eſt occupée à y porter du miel & du lait. Le lait eſt une ſubſtance qui paroit deſtinée à tous les jeunes animaux : le jaune d'un œuf même délayé dans l'eau donne une ſubſtance laiteuſe. La colonie réſide d'abord dans le lieu qu'on appelle le germe. Les proviſions ſont autour, ſous la forme d'un lait qui ſe change enſuite, par l'action du ſoleil, en une ſubſtance ſolide & huileuſe.

On enveloppe la colonie & ſes proviſions d'une coque fort dure, pour la mettre à l'abri des évènemens. Cette couverture a quelquefois la dureté d'une pierre, comme dans les fruits à noyau, mais on a grande attention d'y ménager une ſuture, comme dans la noix, ou de petits trous à l'extrémité fermés par une ſoupape; c'eſt par cette porte que doit ſortir la nouvelle famille. Il n'y a pas une graine qui n'ait l'équivalent de cette organiſation.

La Dame.

Ah! vous leur ſuppoſez trop d'induſtrie.

Le Voyageur.

Je ne leur en donne pas plus qu'aux inſectes les plus communs. L'araignée, qui met ses œufs dans un sac, y laisse une ouverture. Le ver à soie, qui s'enferme dans un cocon, en rend le tissu fort serré, excepté à l'endroit de la tête où il se ménage une sortie. C'est une précaution commune à tous les vers. Mais comme les animaux qui travaillent en société ont plus d'adresse que les autres, ceux-ci en ont une bien merveilleuse. Pendant qu'on travaille à construire le bâtiment & à rassembler le lait de la nouvelle colonie, de peur que les oiseaux ne détruisent l'ouvrage, on l'environne d'une substance désagréable au goût, comme le brou des noix qui est amer, d'autres fortifient la ville nouvelle de palissades pointues, comme celles qui hérissent la coque de la châtaigne.

La Dame.

Vous leur accordez bien de l'expérience: qui leur a dit que les oiseaux viendroient les attaquer ?

Le Voyageur.

Celui qui a dit au lapin de se creuser des terriers & à la hupe de suspendre son nid au bout de trois fils. Leur postérité agira toujours de même, comme les canards qui vont à l'eau sans avoir vu leurs peres nager.

La Dame.

Je ne suis plus étonnée que la rose ait des épines ; ceux qui l'ont bâtie ont pris pour toute la plante les précautions que ceux du châtaignier ont prises pour le fruit. Je suis charmée de leur prévoyance, la fleur la mérite.

Le Voyageur.

Cette défense est commune à plusieurs arbrisseaux qui naissent sur les lisieres des bois, exposés aux insultes des animaux qui paissent ; le jonc marin, la ronce, les épines blanches & noires, les groseillers, & même l'ortie & le chardon, qui croissent le long des chemins, sont garnis & hérissés de pointes très-aiguës. Ces plantes sont fortifiées comme des places frontieres.

La Dame.

Eh bien ? quand la colonie a ses provisions, comment fait-elle pour s'établir ailleurs ?

Le Voyageur.

Si ces insectes avoient reçu des aîles, ils se seroient envôlés, mais il paroît qu'ils ne peuvent s'exposer à l'air sans danger. Ils ne vivent que dans les liqueurs. Ils s'enferment dans des vaisseaux bien carénés, bien pourvus, & voici comme ils entreprennent leur navigation.

Pour ceux qui sont suspendus en haut, toute la traversée ne consiste que dans une chûte. Le fruit tombe & va en bondissant s'arrêter à trente pas de la métropole. Remarquez que les fruits qui tombent de haut font arrondis, & plus ils font élevés, plus le fruit eft dur. Le gland, le fêne, la châtaigne, la noix, la pomme de pin, réfiftent très-bien à la violence de la fecouffe. N'admirez-vous pas leur précaution d'avoir fongé, en s'élevant fi haut, à tomber avec fûreté.

La Dame.

Ce feroit quelquefois une leçon utile aux hommes, mais cette maniere de tomber leur eft commune à tous ?

Le Voyageur.

Pardonnez-moi. Ceux qui travaillent dans le tilleul, qui croît dans les terres humides & molles, fçavent bien que, s'ils avoient bâti des vaiffeaux lourds, le poids les eût enfoncés dans le lieu même de leur chûte. Ils ont conftruit des graines attachées à un long aîleron. Elles tombent en pirouettant, & le vent les porte fort loin de-là. Le saule, qui vient aux mêmes lieux a des aigrettes ainsi que le roseau. L'orme a une graine placée au milieu d'une large follicule. Vous voyez qu'au moyen de ces voiles, on peut aller loin. Je suis porté à croire que l'orme est l'arbre des vallées par la construction de sa graine.

La Dame.

Je ne suis plus étonnée de voir les cerisiers & les pêchers s'élever à une hauteur médiocre. Une pêche mûre qui tomberoit de la hauteur d'un orme n'iroit pas loin. Mais comment font ceux qui ne s'élevent pas ? Il ne leur est pas possible de rouler.

Le Voyageur.

Les animaux des bluets, des artichaux, des chardons, &c. attachent leurs colonies à des volans; le vent les emporte. Vous en voyez en automne l'air rempli. Ils font fuſpendus avec beaucoup d'induſtrie, & quoi qu'ils voyagent fort loin, la graine tombe toujours perpendiculairement. Il y a des eſpeces de pois qui ont des coques élaſtiques; en s'ouvrant, lorſqu'elles font mûres, elles élancent leurs graines à dix pas de-là. C'eſt auſſi l'induſtrie de la bel-famine. Croyez-vous à préſent qu'une plante ſoit une machine hydraulique?

La Dame.

Vous ne me citez que les exemples qui vous font favorables; vous ne me dites pas comment font ceux qui bâtiſſent des fruits mous & peu élevés; ceux de la framboiſe & de la fraiſe ne volent ni ne roulent.

Le Voyageur.

Vous avez vu que les habitans du noyer & du châtaignier ſe fortifioient contre les oiseaux : ceux du fraisier & du framboisier sont bien mieux, ils tirent parti de leurs ennemis. Ceux-là sont des guerriers ; ceux-ci sont des politiques. Ils s'entourent d'une substance agréable & d'une couleur éclatante. Les oiseaux s'en nourrissent, & les ressement dans les bois, qui en sont remplis. Ils avalent les fruits sans faire tort à la graine ; elle est si dure qu'elle échappe à leur digestion. Beaucoup de fruits mous qui ont des noyaux, sont ressemés de la même maniere. Cette ruse n'est pas réservée aux seuls animaux de notre Hémisphere. La muscade est une espece de pêche des moluques : sa noix est d'un grand revenu aux Hollandois : ils la détruisent dans toutes les isles éloignées de leurs comptoirs, pour s'en réserver la récolte à eux seuls ; mais elle repousse partout : c'est un oiseau marin qui la ressemme après l'avoir avalée. Tant l'homme est foible, quand il attaque la nature : une nation ne sçauroit détruire un végétal.

La Dame.

Hélas ! l'homme n'a pas été préfervé avec tant de foin ; des nations entieres ont été exterminées par d'autres nations, fans qu'il en foit réchappé un feul. Mais il faut adorer la providence : je l'admire dans fa prévoyance, que je n'aurois pas foupçonnée. Je croyois qu'un arbre laiffoit tout fimplement tomber fes graines : je vois bien qu'elles auroient manqué d'air & d'efpace, &, pour me fervir de vos termes, que la métropole, en vieilliffant, auroit anéanti toutes les colonies fous fes ruines. Mais l'idée de vos animaux eft-elle bien conforme à l'action de cette providence ?

Le Voyageur.

Le Roi de Pruffe avoit ordonné que l'on coupât des forêts pour donner des terreins à de nouvelles familles. La Chambre du Domaine lui repréfenta que le bois alloit devenir fort rare. Il lui répondit : j'aime mieux avoir des hommes que des arbres. Croyez-vous que le grand Roi de tous les êtres n'a pas mieux aimé regner fur des millions de peuples différents, que fur des machines aveugles ?

La Dame.

Vous allez rendre auffi le bois fort rare. Votre fyftème eft féduifant, mais il me laiffe des doutes. Vous ne me montrez pas les animaux : on ne croit qu'à moitié, quand on n'a pas vu.

Le Voyageur.

Vous avez vu des animaux fe mouvoir dans le fuc des plantes.

La Dame.

Mais je ne les ai pas vu travailler, agir de concert, & faire toutes les chofes admirables que vous m'avez dites.

Le Voyageur.

Regardez mes madrépores & mes lithophites : il y en a qui ressemblent à des choux, d'autres à des gerbes de bled. Ce sont les plantes de la mer ; les nôtres sont les madrépores de l'air.

La Dame.

Ce n'est plus la même chose ; vous m'avez dit que les madrépores ne donnent pas de fruits.

Le Voyageur.

Cela n'est pas bien prouvé. D'ailleurs, ils vivent dans un fluide où il n'y auroit eû pour leurs fruits, ni chûte ni roulement ; il étoit donc inutile d'environner la colonie d'un corps lourd, ou d'une substance légére, comme les aigrettes des graines qui seroient venues à la surface de l'eau. Il est cependant certain qu'on a observé dans leurs fleurs, un suc laiteux semblable à celui des graines de nos fruits: cette laite se répand dans la mer, comme celle des poissons.

Les élémens changent les mœurs & les arts. Un matelot & un bourgeois sont des hommes, cependant un vaisseau n'est pas fait comme une maison.

Les petits animaux qui bâtissent les plantes de l'air, vivent dans un élément qui est pour eux dans un mouvement perpétuel. Ils sont si petits, qu'un zéphyr leur semble un ouragan. Ils ont pris les plus grandes précautions pour assurer les fondemens de leurs édifices, & pour transporter leurs familles sans risques. Ils l'enclosent dans des bâtimens bien couverts, afin qu'elle ne soit pas dispersée.

Ceux qui bâtissent dans la mer, vivent dans un fluide, dont les parties ne s'ébranlent pas aisément: elles ne sont remuées que par flots, & par grandes masses. Les gouttes n'en sont pas mobiles & pénétrantes, comme les globules de l'air, que la chaleur dilate & resserre sans cesse. Il ne leur falloit donc pas des appartemens bien clos, comme les graines, puisqu'ils ne couroient pas le risque d'être dissipés si facilement. Je crois au reste avoir observé que leur laite est enduite d'une glaire qui n'est pas aisée à dissoudre.

Si les animaux qui travaillent dans l'eau, eussent vécu dans un élément encore plus solide, par exemple dans la terre, ils n'auroient été exposés à aucune espece d'agitation. Il est probable qu'alors ils n'auroient pas eu besoin d'enfoncer des racines, d'élever des tiges, d'étendre des feuilles, de façonner des fleurs, & de fabriquer des fruits, comme ceux de l'air.

LA DAME.

Vraiment vous avez raison : aussi la trufle n'a aucune de ces parties-là ; elles lui seroient inutiles. J'ai vu des gens bien embarrassés à deviner comment elle peut se reproduire. J'imagine que dans les sécheresses, les petits animaux se communiquent entr'eux par les fentes intérieures du sol où ils vivent. Il regne là un calme éternel : ce sont des canaux d'un fluide tranquille, où la navigation est fort aisée : il n'y faut point de vaisseaux ; on peut y nâger en sûreté. A quoi serviroient les fleurs à une plante qui ne voit pas le soleil, & les racines à un végétal qui n'éprouve aucune secousse ? Cette découverte me fait grand plaisir : je suis fâchée cependant que les animaux d'un fruit que j'aime beaucoup, aient si peu d'industrie.

LE VOYAGEUR.

Elle est proportionnée à leurs besoins : c'est une loi commune à tous les êtres animés. L'homme qui est le plus indigent de tous, en est aussi le plus intelligent.

La Dame.

Il vaudroit mieux en être le plus heureux. Ceux qui habitent les truftes font peut-être plus contents que ceux qui vivent dans des palais.

Je trouve dans votre fyftème des idées neuves. Il me paroît très-vraifemblable que les fleurs font des miroirs. On peut, ce me femble, en tirer des conféquences utiles, ainfi que des graines. Je crois qu'il ne faut pas trop les enfoncer lorfqu'on les feme, puifque la nature les répand à la furface de la terre, & qu'elle repeuple ainfi les prairies & les forêts. L'induftrie des graines qui volent, qui roulent, & qui s'élancent, me paroît admirable : mais fans doute ces mouvemens peuvent s'attribuer à d'autres loix. Il faudroit, pour que votre fyftème eût une certaine force, qu'après avoir rendu raifon des effets ordinaires de la végétation, il en expliquât les phénomenes.

Le Voyageur.

Vous en agiſſez avec moi comme les Dames des anciens Chevaliers : quand ils ſortoient du tournoi, elles les envoyoient combattre un Géant ou un Maure. N'êtes-vous pas contente de ſçavoir que la truſle eſt un madrépore de terre ? Il a toutes les parties qui lui conviennent, & il ne peut en avoir d'autres. S'il y a d'autres végétations dans la terre, elles n'auront de même aucune des parties de celles qui vivent dans l'air. Je connois une racine & une fleur qui ſont pareillement iſolées, & par des raiſons ſemblables : mais il me ſuffit de vous avoir réſolu un fait inexplicable, la réproduction de la truſle.

La Dame.

Oh ! c'eſt moi qui l'ai expliqué : mais en voici un dont toutes les loix de l'hydraulique ne fçauroient me rendre raifon. Lorfqu'un arbre eft jeune & plein de fuc, fouvent il continue de pouffer des branches & des feuilles, fans donner de fleurs. Un Jardinier exprimenté déterre une partie de fes racines, & il devient fécond. Pourquoi ne donne-t-il des fruits que quand il perd fa nourriture ?

LE VOYAGEUR.

Les animaux qui ont des vivres en abondance, ne fongent point à s'expatrier; ils cherchent à augmenter les logemens; ils ne fabriquent que du bois. Dès qu'on leur a coupé les vivres, ils voient qu'il eft tems d'envoyer des colonies s'établir au loin : on ne peut plus fourrager aux environs de la place.

LA DAME.

Celui-là étoit trop aifé : en voici un plus difficile. Lorfqu'un arbre a reçu quelque dommage confidérable : par exemple, lorſqu'on lui a enlevé une partie de ſon écorce, au printemps il ſe charge de fleurs, enſuite de fruits, après quoi il meurt. Pourquoi à la veille de ſa ruine rapporte-t-il plus qu'à l'ordinaire?

Le Voyageur.

Dans l'arbre écorcé, le conſeil s'aſſemble; & voici comme on raiſonne. » On nous a »fait une breche irréparable : nos remparts » & nos chemins ſont détruits : nous allons » mourir de froid ou de faim, allons nous- » en. Tout le monde ſe met à conſtruire des fleurs; on ſe retire dans les fruits; la métropole eſt abandonnée, & l'arbre meurt l'année ſuivante.

La Dame.

Je ne ſçais par où vous prendre. Il me ſemble que vous ſatisfaites à toutes les difficultés; le ſyſtème ordinaire en laiſſe de grandes. J'avois ouï expliquer le développement des plantes, par l'air qui monte en ligne droite dans les canaux de la végétation, & cependant j'avois vu les pivots des pois se recourber vers la terre qu'ils semblent chercher. J'avois ouï dire que dans les germes, la plante étoit toute entiere avec ses graines à venir, qui contenoient encore les plantes futures, ainsi de suite à l'infini; ce qui me paroissoit tout-à-fait incompréhensible.

Le Voyageur.

Il y a un degré en descendant où la matiere n'est plus susceptible de forme; car la forme n'est que les limites de la matiere. Si cela n'étoit pas, il y auroit autant de matiere dans un gland que dans un chêne, puisqu'il y auroit autant de formes, attendu qu'il y a, dit-on, un chêne tout entier renfermé dans le gland.

Si on me dit qu'il n'y a que les formes principales, je demanderai où sont les autres, qui font toutes effentielles dans un chêne développé.

S'il n'y a que les formes principales, parce que l'efpace eft trop petit, celui des feconds glands étant beaucoup plus petit, le nombre des formes principales doit encore diminuer. Or, toute grandeur qui décroît vient néceffairement à rien. Dans ces glands imaginaires qui vont toujours en diminuant, il y auroit un terme où la race des chênes devroit s'arrêter & finir.

Voilà cependant l'hypothèfe dont on s'eft fervi pour raifonner fur la végétation. Je fuis charmé que vous ayez adopté mes idées.

LA DAME.

Monfieur, point du tout, je vous affûre.

LE VOYAGEUR.

Comment, Madame, vous n'êtes pas

persuadée! Y a-t-il encore quelque dragon à combattre?

La Dame.

Un grand scrupule. Je ne sçaurois imaginer que, pour soutenir ma vie, je détruise celle d'une infinité d'êtres. Eussiez-vous raison, j'aime mieux me tromper que de croire une vérité cruelle.

Le Voyageur.

On est sensible, quand on est belle! mais voilà la premiere fois qu'on rejette un systême par compassion. Les anatomistes ont plus de courage; quand ils en font un ils tuent tout ce qui leur tombe sous la main. Il y eut un Anglois qui fit ouvrir toutes les biches pleines d'un grand parc, pour découvrir les loix de la génération, qu'il n'a point découvertes.

LA DAME.

Je ne veux point reſſembler à ces ſçavans-là. J'aime ceux d'aujourdhui qui recommandent la tolérance, & l'humanité qu'on devroît étendre juſqu'aux animaux. Je ſçais bien bon gré à M. de Voltaire d'avoir traité de barbares ceux qui éventrent un chien vivant pour nous montrer les veines lactées. Cette idée fait horreur.

LE VOYAGEUR.

Mes expériences n'ont coûté la vie à aucun animal. J'ai même de quoi vous raſſurer : ceux qui vivent dans les fruits échappent à votre digeſtion comme à votre vue : n'en avez vous pas une preuve dans les oiſeaux qui reſèment les graines des fraiſiers?

LA DAME.

Je veux vous croire; après-tout, ſi je ſuis trompée, j'ai été amuſée. Vous m'avez appris ſur la nature des faits plus piquants que les anecdotes de la société. Nous n'avons ni médit, ni joué; &, ce qui est plus rare, vous ne m'avez point dit de fadeurs, suivant la coutume de ceux qui veulent instruire les Dames. Le tems a été fort bien employé : mais j'en dois faire encore un meilleur usage ; je vais rejoindre mon mari & mes chers enfans. , Adieu Monsieur le voyageur.

Le Voyageur *lui fait une profonde révérence.*

(*En s'en allant.*)

O le bon cœur! ah la digne femme! Quand en aurai-je une comme celle-là?

LETTRE XXVIII, & derniere.

Sur les Voyageurs & les Voyages.

IL est d'usage de chercher au commencement d'un livre à captiver la bienveillance d'un lecteur, qui souvent ne lit point la préface. Il vaut mieux, ce me semble, attendre à la fin, au moment où il est prêt à porter son jugement. Il est impossible alors que le lecteur échappe, & ne fasse pas attention aux excuses de l'auteur. Voici les miennes.

J'ai fait cet ouvrage aussi bien qu'il m'a été possible, & rien ne m'a manqué pour lui donner toute la perfection dont je suis capable. S'il est mal fait, ce n'est donc pas ma faute ; car on n'a tort de mal faire que quand on peut faire mieux.

S'il y a des défauts dans le style, je serai très-aise qu'on les releve : je m'en corrigerai. Depuis dix ans que je suis hors de ma patrie j'oublie ma langue, & j'ai observé qu'il est souvent plus utile de bien parler que de bien penser, & même que de bien agir.

Mes conjectures & mes idées sur la nature sont des matériaux que je destine à un édifice considérable. En attendant que je puisse l'élever, je les livre à la critique. Les bonnes censures sont comme ces dégels, qui dissolvent les pierres tendres, & durcissent les pierres de taille. Il ne me resteroit qu'une bonne observation, que j'en ferois usage. On dit qu'un saint commença avec un seul moëlon un bâtiment qui est devenu une magnifique Abbaye. Il fit ce miracle avec le tems & la patience, mais je pourrois bien avoir perdu l'un & l'autre.

C'est assez parler de moi, passons à des objets plus importans.

Il est assez singulier qu'il n'y ait eu aucun voyage publié par ceux de nos écrivains qui se sont rendus les plus célebres dans la littérature & la philosophie. Il nous manque un modele dans un genre si intéressant, & il nous manquera long-tems, puisque Messieurs de Voltaire, d'Alembert, de Buffon & Rousseau ne nous l'ont pas donné. Montagne & Montesquieu avoient écrit leurs voyages, qu'ils n'ont pas fait paroître. On ne peut pas dire qu'ils aient jugé suffisamment connus les pays de l'Europe où ils avoient été, puisqu'ils ont donné tant d'observations neuves sur nos mœurs, qui nous sont si familieres. Je crois que ce genre si peu traité est rempli de grandes difficultés. Il faut des connoissances universelles, de l'ordre dans le plan, de la chaleur dans le style, de la sincérité, & il faut parler de tout. Si quelque sujet est omis, l'ouvrage est imparfait; si tout est dit, on est diffus, & l'intérêt cesse.

Nous avons cependant des voyageurs estimables; Addison me paroît au premier rang: par malheur il n'est pas François. Chardin

Chardin a de la philosophie & des longueurs ; l'Abbé de Choisi sauve au lecteur les ennuis de la navigation ; il n'est qu'agréable : Tournefort décrit sçavamment les monumens & les plantes de la Grece, mais on voudroit voir un homme plus sensible sur les ruines d'Athenes : La Hontan spécule & s'égare quelquefois dans les solitudes du Canada : Léry peint très-naïvement les mœurs des Bresiliens & ses aventures personnelles. De ces différens génies on en composeroit un excellent, mais chacun n'a que le sien ; témoin ce Marin, qui écrivit sur son journal » qu'il avoit » passé à quatre lieues de Teneriffe, dont » les habitans lui parurent fort affables.

Il y a des voyageurs qui n'ont qu'un objet, celui de rechercher les monumens, les statues, les inscriptions, les médailles, &c. S'ils rencontrent quelque sçavant distingué, ils le prient d'inscrire son nom & une sentence sur leur *album*. Quoique cet usage soit louable, il conviendroit mieux,

II. Part. P

ce me semble, de s'enquérir des traits de probité, de vertu, de grandeur d'âme, & du plus honnête homme de chaque lieu ; un bon exemple vaut bien une belle maxime. Si j'eusse écrit mes voyages du nord, on eut vu sur mes tablettes les noms de d'Olgorouki, de Munich, du Palatin de Russie Xatorinski, de Duval, de Taubenheim, &c. J'aurois parlé aussi des monumens, sur-tout de ceux qui servent à l'utilité publique, comme l'arsenal de Berlin, le corps des Cadets de Péterfbourg, &c. Quant aux antiquités, j'avoue qu'elles me donnent des idées tristes. Je ne vois dans un arc de triomphe qu'une preuve de la foiblesse d'un homme : l'arc est resté, & le vainqueur a disparu.

Je préfere un sep de vigne à une colonne, & j'aimerois mieux avoir enrichi ma patrie d'une seule plante alimentaire que du bouclier d'argent de Scipion.

A force de nous naturaliser avec les arts, la nature nous devient étrangere ; nous sommes même si artificiels que nous apellons les objets naturels des *curiosités*, & que nous cherchons les preuves de la Divinité dans des livres. On ne trouve dans ces livres (la révélation à part) que des reflexions vagues & des indications générales de l'ordre universel : cependant pour montrer l'intelligence d'un Artiste, il ne suffit pas d'indiquer son ouvrage, il faut le décomposer. La nature offre des rapports si ingénieux, des intentions si bienveillantes, des scenes muettes si expressives & si peu apperçues, que qui pourroit en offrir un foible tableau à l'homme le plus inattentif, le feroit s'écrier, il y a quelqu'un ici !

L'art de rendre la nature est si nouveau, que les termes même n'en sont pas inventés. Essayez de faire la description d'une montagne, de maniere à la faire reconnoître : quand vous aurez parlé de la base, des flancs & du sommet, vous aurez tout dit. Mais que de variété dans ces formes bombées, arrondies, allongées, applaties, cavées, &c! vous ne trouvez que des périphrafes. C'eft la même difficulté, pour les plaines & les vallons. Qu'on ait à décrire un palais, ce n'eft plus le même embaras. On le rapporte à un ou à plufieurs des cinq Ordres: on le fubdivife en foubaffement, en corps principal, en entablement; & dans chacune de ces maffes, depuis le focle jufqu'à la corniche, il n'y a pas une moulure qui n'ait fon nom.

Il n'eft donc pas étonnant que les voyageurs rendent fi mal les objets naturels. S'ils vous dépeignent un pays vous y voyez des villes, des fleuves & des montagnes, mais leurs defcriptions font arides comme des cartes de géographie : l'Indouftan reffemble à l'Europe. La phyfionomie n'y eft pas. Parlent-ils d'une plante ? Ils en détaillent bien les fleurs, les feuilles, l'écorce, les racines ; mais fon port, fon enfemble, fon élégance, fa rudeffe ou fa grace, c'eft ce qu'aucun ne rend. Cependant la reffemblance d'un objet dépend de l'harmonie de toutes ses parties, & vous auriez la mesure de tous les muscles d'un homme, que vous n'auriez pas son portrait.

Si les voyageurs en rendant la nature pechent par défaut d'expressions, ils pechent encore par excès de conjectures. J'ai cru fort long-tems sur la foi des relations que l'homme sauvage pouvoit vivre dans les bois. Je n'ai pas trouvé un seul fruit bon à manger dans ceux de l'Isle de France; je les ai goûtés tous au risque de m'empoisonner. Il y avoit quelques graines d'un goût passable, en petite quantité; & dans certaines saisons on n'en eût pas ramassé pour le déjeûner d'un singe. Il n'y a que l'oignon dangéreux d'une espece de *nymphea*, encore croît-il sous l'eau dans la terre, & il n'est pas vraisemblable que l'homme naturel l'eût deviné-là. Je crus au Cap que l'homme avoit été mieux servi. J'y vis des buissons couverts de gros artichaux couleur de chair, qui étoient d'une âpreté insupportable. Dans les bois de la France & de l'Allemagne on ne trouve de mangeable que les fênes du hêtre & les fruits du châtaignier; encore ce n'eſt que dans une courte ſaiſon. On aſſure, il eſt vrai, que dans l'âge d'or des Gaules, nos ancêtres vivoient de gland; mais le gland de nos chênes conſtipe. Il n'y a que celui du chêne verd qu'on puiſſe digérer. Il eſt très-rare en France, & il n'eſt commun qu'en Italie, d'où nous eſt venue auſſi cette tradition. Un peu d'hiſtoire naturelle ſerviroit à écrire l'hiſtoire des hommes.

On ne trouve dans les forêts du nord que les pommes du ſapin dont les écureuils s'accommodent fort bien. Il eſt fort douteux que les hommes puſſent en vivre. La nature auroit traité bien mal le Roi des animaux, puiſque la table eſt miſe pour tous, excepté pour lui, ſi elle ne lui avoit pas donné une raiſon univerſelle qui tire parti de tout, & la ſociabilité, fans laquelle fes forces ne fçauroient fervir fa raifon. Ainfi d'une feule obfervation naturelle on peut prouver, 1°. que le plus ftupide des payfans eft fupérieur au plus intelligent des animaux, qu'on ne dreffera jamais à femer & à labourer de luimême : 2°. que l'homme eft né pour la fociété, hors de laquelle il ne pourroit vivre. 3°. que la fociété doit, à fon tour, à tous fes membres une fubfiftance qu'ils ne peuvent attendre que d'elle.

Les voyageurs pechent encore par un autre excès. Ils mettent prefque toujours le bonheur hors de leur patrie. Ils font des defcriptions fi agréables des pays étrangers qu'on en eft, toute la vie, de mauvaife humeur contre le fien.

Si je l'ofe dire, la nature paroît avoir tout compenfé ; & je ne fçais lequel eft préférable d'un climat très-chaud ou d'un climat très-froid. Celui-ci eft plus fain ; d'ailleurs le froid eft une douleur dont on peut fe garantir, & la chaleur une incommodité qu'on ne sçauroit éviter. Pendant six mois j'ai vu le paysage blanc à Pétersbourg, pendant six mois je l'ai vu noir à l'Isle de France ; joignez-y les insectes si dévorans, les ouragans qui renversent tout, & choisissez. Il est vrai qu'aux Indes les arbres ont toujours des feuilles, que les vergers rapportent sans être greffés, & que les oiseaux ont de belles couleurs.

> Mais j'aime mieux notre nature,
> Nos fruits, nos fleurs, notre verdure ;
> Un Rossignol qu'un Perroquet,
> Le sentiment que le caquet ;
> Et même je préfère encore
> L'odeur de la rose & du thin
> A l'ambre que la main du More
> Recueille aux rives du matin.

On doit compter aussi pour un grand inconvénient le spectacle d'une société malheureuse, puisque la vue d'un seul misérable peut empoisonner le bonheur.

Peut-on penser sans frémir que l'Afrique, l'Amérique, & presque toute l'Asie sont dans l'esclavage! Dans l'Indoustan on ne fait agir le Peuple qu'à coups de rotin, de sorte qu'on en a appellé le bâton le roi des Indes; en Chine même, ce pays si vanté, la plupart des punitions de simple police sont corporelles. Chez nous les loix ont un peu plus respecté les hommes. D'ailleurs quelque rudes que soient nos climats, la nature la plus sauvage m'y plaît toujours par un coin. Il est des sittes touchans jusques dans les rochers de la pauvre Finlande. J'y ai vu des étés plus beaux que ceux des tropiques, des jours sans nuits, des lacs si couverts de cygnes, de canards, de bécasses, de pluviers, &c. qu'on eût dit que les oiseaux de toutes les rivieres s'y étoient rendus pour y faire leurs nids. Des flancs des rochers tout brillants de mousses pourprées, & des tapis rouges du Kloucva (*)

―――――――――――――――
(*) Plante rempante d'un beau verd, dont la feuille ressemble à celle du buis. Elle donne un petit fruit rouge qui est un anti-scorbutique.

s'élevoient de grands bouleaux, dont les feuillages verds, souples & odorans se marioient aux pyramides sombres des sapins, & offroient à la fois des retraites à l'amour & à la philosophie. Au fond d'un petit vallon, sur une lisiere de pré, loin de l'envie, étoit l'héritage d'un bon Gentilhomme, dont rien ne troubloit le repos que le bruit d'un torrent que l'œil voyoit avec plaisir bondir & écumer sur la croupe noire d'une roche voisine. Il est vrai qu'en hyver la verdure & les oiseaux disparoissent. Le vent, la neige, le gresil, les frimats entourent & secouent la petite maison, mais l'hospitalité est dedans. On se visite de quinze lieues, & l'arrivée d'un ami est une fête de huit jours : on boit au bruit des cors & des timballes la santé du convive, des Princes & des Dames (*). Les

─────────────

(*) Les femmes sont de ces parties, & il est juste qu'accompagnant les hommes à la guerre, elles président à leurs plaisirs. On ne trouve point ailleurs de plus grands exemples de l'amivieillards auprès du poële fument & parlent des anciennes guerres ; les garçons en botte danfent au fon d'un fifre ou d'un tambour autour de la jeune Finlandoife en pelisse, qui paroît comme Pallas au milieu de la Jeuneſſe de Sparte.

Si les organes y femblent rudes, les cœurs y font fenfibles. On parle d'aimer, de plaire, de la France & de Paris furtout ; car Paris eſt la capitale de toutes les femmes. C'eſt-là que la Ruſſe, la Polonoife & l'Italienne viennent apprendre l'art de gouverner les hommes avec des rubans & des blondes; c'eſt-là que regne la Parifienne à l'humeur folle, aux graces toujours nouvelles. Elle voit l'Anglois mettre à fes genoux fon or & fa mélancolie, tandis que, du fein des arts, elle prépare en riant, la guirlande

---

rié conjugale. J'y ai vu des femmes de Généraux qui avoient fuivi leurs maris à l'armée depuis le premier grade militaire.

qui enchaîne par les plaisirs tous les peuples de l'Europe.

Je préférerois Paris à toutes les villes, non pas à cause de ses fêtes, mais parce que le peuple y est bon, & qu'on y vit en liberté. Que m'importent ses carrosses, ses hôtels, son bruit, sa foule, ses jeux, ses repas, ses visites, ses amitiés si promptes & si vaines? Des plaisirs si nombreux mettent le bonheur en surface, & la jouissance en observation. La vie ne doit pas être un spectacle. Ce n'est qu'à la campagne qu'on jouit des biens du cœur, de soi-même, de sa femme, de ses enfans, de ses amis. En tout la campagne me semble préférable aux villes : l'air y est pur, la vue riante, le marcher doux, le vivre facile, les mœurs simples & les hommes meilleurs. Les passions s'y développent sans nuire à personne. Celui qui aime la liberté n'y dépend que du ciel; l'avare en reçoit des présents toujours renouvellés; le guerrier s'y livre à la chasse, le voluptueux y place ses jardins, & le philosophe y trouve à méditer sans sortir de chez lui. Où trouvera-t-il un animal, plus utile que le bœuf, plus noble que le cheval & plus aimable que le chien ? Apporte-t-on des Indes une plante plus nécessaire que le bled & aussi gracieuse que la vigne ?

Je préférerois de toutes les campagnes celle de mon pays, non pas parce qu'elle est belle, mais parce que j'y ai été élevé. Il est dans le lieu natal un attrait caché, je ne sçais quoi d'attendrissant qu'aucune fortune ne sauroit donner, & qu'aucun pays ne peut rendre. Où sont ces jeux du premier âge, ces jours si pleins sans prévoyance & sans amertume ? La prise d'un oiseau me combloit de joie. Que j'avois de plaisir à caresser une perdrix, à recevoir ses coups de bec, à sentir dans mes mains palpiter son cœur & frissonner ses plumes ! Heureux qui revoit les lieux où tout fut aimé, où tout parut aimable, & la prairie où il courut, & le verger qu'il ravagea ! Plus heureux qui ne vous a jamais quitté, toit paternel, afyle faint ! Que de voyageurs reviennent fans trouver de retraite ! de leurs amis, les uns font morts, les autres éloignés, une famille eft difperfée, des protecteurs.... Mais la vie n'eft qu'un petit voyage, & l'âge de l'homme un jour rapide. J'en veux oublier les orages pour ne me reffouvenir que des fervices, des vertus & de la conftance de mes amis. Peut être, ces Lettres, conferveront leurs noms, & les feront furvivre à ma reconnoiffance ! Peut être iront elles jufqu'à vous, bons Hollandois du Cap ! Pour toi, Negre infortuné qui pleures fur les rochers de Maurice, fi ma main, qui ne peut effuyer tes larmes, en fait verfer de regret & de repentir à tes tyrans, je n'ai plus rien à demander aux Indes, j'y ai fait fortune.

A Paris, ce premier Janvier 1773.

D. S. P.

Fin de la feconde & derniere Partie.

TABLE
DES LETTRES
ET SOMMAIRE DES MATIERES.

PREMIERE PARTIE.

AVANT-PROPOS.

Motif de l'Ouvrage, son plan, son objet. *Page* 1

LETTRE PREMIERE.

Départ de Paris, froid excessif. Arrivée à Rennes. Campagnes de Bretagne, observation sur le genêt & les pommes de terre. Du Peuple dans les pays d'États. Commerce de la Bretagne. Paysan bas-Breton. Observation sur la température des lieux aquatiques. Arrivée à l'Orient. 7

LETTRE II.

De la Ville de l'Orient. Défaut de la Citadelle du port Louis. Mœurs de ces deux Villes ; mouvement du port de l'Orient, *Page* 13

LETTRE III.

Diftribution intérieure d'un vaiffeau ; gros tems dans le port. Poiffonnerie de l'Orient. Mœurs des pêcheurs. Obfervations fur les poiffons & les écreviffes. Deux paffagers de Paris craignent de s'embarquer. 16

LETTRE IV.

Départ de l'Orient. Adieux. 21

Journal en Mars 1768.

Danger dans la paffe du port-Louis. Paffagers & Officiers reftés à terre. Gros tems, coup de mer, trois hommes emportés, défordre caufé par le coup de mer.

mer. Vue des isles Canaries. Chaleur. Vents alifés. Isles de Cap Verd ; observations sur les mœurs des gens de mer.
Page 23.

Journal en Avril.

Matelot mort du scorbut. Baptême & passage de la ligne, tems orageux; observation sur la mer & les poissons. Points lumineux, bonnets flamands, galeres, coquillage peu connu, limaçons bleus; coquillage de la carene, poisson volant, encornet, thon. Effet singulier du thon de la pleine mer lorsqu'il est salé. Du sommeil des poissons, de l'eau de mer, Bonnite, grande oreille, requin, pilotin, sucçet, sa construction monstrueuse; pou du Requin. Marsouin, dorade, baleine. 36

Journal en Mai.

Rencontre d'un vaisseau Anglois, grain violent, vaisseau coeffé; observations sur le Ciel, les vents & les oiseaux; étoiles,

II Part. Q

Crépuscules, leur chaleur eût été nuisible sous la ligne. Le lever de la lune dissipe les nuages. Vents, pôle sud plus froid que le pôle nord, pourquoi. Utilité des vents. Beauté du Ciel entre les tropiques. Mauves & goelands, alcions, manches de velours, frégates, fauchets, goelettes, envergures, damiers, moutons du cap. Utilité qu'on peut tirer de la vue des oiseaux & de celle des glayeuls. Longitude ne peut se déterminer par la variation de l'aiguille. Expérience à faire sur son inclinaison. *Page* 54

Journal en Juin.

Précautions pour doubler le cap, progrès du scorbut. Coup de mer, présage d'une violente tempête, le vaisseau foudroyé, grand mât brisé, violence du vent, mer monstrueuse, secousses du vaisseau, découragement des matelots. Perte des bestiaux, grand nombre de malades scorbutiques, morts; observations qui peuvent être utiles à la police des vaisseaux, subordination des officiers. Disette d'eau, moyen d'en embarquer beaucoup & de la préserver de corruption. Inconvénient de la machine à dessaler l'eau de mer. Vivres, Moyen de conserver les viandes saines. Habillement des matelots. Charpente du bâtiment, lieu du vaisseau où le bois se pourrit le plus promptement. *Page 69.*

Journal en Juillet.

Grand nombre de malades scorbutiques, mortalité, vue d'un paillencu, arrivée à l'Isle de France; observations sur le scorbut. Les animaux en sont atteints. Cause & remede à ce mal. Palliatifs. Préjugés sur la tortue, symptômes du scorbut, précautions à prendre en arrivant à terre. 86

LETTRE V.

Observations Nautiques.

Brise de terre. Attérages orageux. Parages des vents alifés du nord-eft, des vents généraux du fud-eft. Relâches fur la route des Indes. Obfervations fur les meilleures cartes. Hauts-fonds au fud de la ligne. Courants. Obftacles apportés aux voyages par la nature. *Page* 94

PROPORTIONS DU VAISSEAU

LE MARQUIS DE CASTRIES.

Forme nouvelle d'une Table des Obferva-tions nautiques du Voyage :

Qui comprend les jours du mois, les vents qui ont régné, le chemin eftimé, la route corrigée, la variation, la latitude eftimée, la latitude obfervée, la longitude eftimée. 100

LETTRE VI.

Afpect & Géographie de l'Ifle de France.

Port du fud-eft, port-Louis ou du nord-oueft. Vue trifte de la ville & de fes environs. Mesures de l'Isle de France & hauteur de ses montagnes suivant l'Abbé de la Caille. *Page* 101

LETTRE VII.

Du sol & des productions naturelles de l'Isle de France.

Arbres & arbrisseaux. Sol tenace & ferrugineux. Sable calcaire. Prodigieuse quantité de rochers, leur nature vitrifiable & métallique. Herbes. Trois especes de gramen, gazon élastique, chiendent, gramen à large feuille, herbe à soye, asperge épineuse, mauve à petites feuilles, chardon dangereux pour les volailles, lys aquatique, espece de giroflée, basilic vivace, raquettes, arbrisseaux, le veloutier, effet singulier de son odeur, espece de ronce antivénérienne, faux baume, fausse patate, herbe à panier propre à donner du fil, liannes & leur force prodigieuse, arbrisseau spongieux, bois de Demoiselle.

Végétaux de l'Isle de France, inférieurs en beauté à ceux de l'Europe. *Page* 105

LETTRE VIII.

Arbres & plantes aquatiques de l'Isle de France.

Mapou, espece de poison. Noms des arbres viennent de la fantaisie des habitans, bois de ronde, de canelle, de natte, d'olive, de pomme, arbre de benjoin, colophane, faux tatamaque, bois de lait, bois puant, bois de fer, bois de fouge, figuier, bois d'ébenne de plusieurs sortes, citronnier, oranger, espece de bois de sandal, vacoa, latanier, palmiste, manglier, observations sur les arbres, ils sont très-inférieurs aux arbres d'Europe en beauté & en utilité. Agarics, mousses & fougeres, songes espece de nymphea. Tristesse du paysage. 113

LETTRE IX.

Animaux naturels à l'Isle de France.

Quadrupedes. Il est douteux que le singe y ait été apporté. Il paroît l'habitant naturel de cette Isle. Sa description. Des rats & de leurs désordres, des souris. Oiseau flamand, corbigeau, paillencu, perroquets d'une beauté médiocre, merle familier, pigeon hollandois magnifique, ramier dangereux, chauve-souris bonne à manger, espece commune de chauve-souris. Eperviers. Animaux amphibies, tortues, tourlouroux, Bernard l'hermite. Insectes. Sauterelles, leur dégât, chenilles, papillons, papillon à tête de mort, prodigieuse quantité de fourmis, formicaleo, cent pieds, scorpions, guêpes jaunes avec des anneaux noirs, guêpe maçonne, guêpe qui coupe les feuilles, abeilles, espece de fourmis appellées Carias, leur dégât dans la charpente des maisons, trois especes de cancrelas, ont pour ennemie la mouche verte, moutouc ver qui ronge les arbres, son nom chez les Romains, mouches d'Europe, cousin ou maringouin fort incommode, demoiselles, belles mouches aquatiques, petits lézards bien colorés, araignées de plusieurs sortes, filent des toiles très-fortes, prodigieuse quantité de puces, pou aîlé des pigeons, pou blanc ou puceron, nuisible aux vergers, punaise maupin, sa piquure dangereuse; observation sur les températures chaudes favorables à la propagation des insectes, moyens qu'employe la nature pour l'arrêter. *Page* 122

LETTRE X.

Des productions maritimes ; poissons, coquilles, madrépores.

Baleine, sa pêche négligée, lamentin, la vieille poisson dangereux à manger, malheur arrivé aux Anglois à Rodrigue, autres poiffons fufpects, tels que le capitaine & la carangue, requins, rougets, mulets, fardines, maquereaux, poule d'eau forte de turbot, rayes blanches, rayes noires, fabres, lunes, bourfes, efpeces de merlans, perroquets, poiffon armé dangereux, le coffre, le porc-épi, le polype. Poiffons de riviere; la lubine, le mulet, la carpe, le cabot, l'anguille dangereufe pour les nageurs. Teftacès; homars ou langouftes, petite efpece de homar fort joli ; crable reffemblant à un madrépore; autre marqué de cinq cachets rouges; autre appellé le fer à cheval ; autre crable couvert de poils, crable marbré, autre qui porte fes yeux au bout de deux longs tuyaux, l'araignée de mer, crable dont les pinces font rouges, petit crable à grande coquille. Boudin de mer très-fingulier, maffe vivante, dont la coquille eft audedans. Ourfins. Ourfin violet à longues pointes. Ourfin gris à baguettes rondes cannelées, Ourfin à baguettes obtufes &

à pans, Ourſin à cul d'artichaux, Ourſin commun à petites pointes. Ordre conchyologique nouveau. Ordre ſphérique, plus commode, peut s'appliquer à toutes les parties de l'Hiſtoire naturelle. Lepas applati, lépas étoilé, lépas fluviatile, oreilles de mer, eſpece d'oreille de mer ſans trou. Vermiculaires. Grand vermiculaire des madrépores, cornet de Saint-Hubert, nautile papyracée, nautile ordinaire. Limaçons ſédentaires; bouche d'argent ſimple, bouche d'argent épineuſe, bouche d'or, limaçon fluviatile ſimple, limaçon fluviatile à pointes, conque perſique, limaçon allongé, becaſſe épineuſe, tonne ronde, tonne allongée. Limaçons voyageurs; nérite cannelée, nérite liſſe colorée de rubans, harpe belle coquille, harpe à pointe, limaçon bleu, l'œuf de Pintade, limaçon terreſtre, lampe antique. Rouleaux; l'olive commune, l'olive de trois couleurs, olive noire, olive évaſée, rouleau commun piqueté de rouge, rouleau blanc, rouleau piqueté de points noirs, drap d'or, tonnerre, la poire, rouleau couvert de peau, l'oreille de Midas, le grand casque, le casque truité, le scorpion, l'araignée. Porcelaines. Porcelaine à dos d'âne, la tigrée, la carte de Géographie, l'œuf, le lievre, l'olive de roche. Vis. La vis simple, vis avec une moulure, l'enfant en maillot, la culotte de Suisse, petite vis à bec, autre à dos d'âne, le fuseau blanc, fuseau tacheté de rouge, mitre fluviatile. Conjecture sur la cause qui a dirigé du même côté la bouche de la plupart des coquilles. Objection sur l'explication qu'on donne de leur formation. Bivalves. Huître commune, la feuille, huître semblable à celle d'Europe, huître de la carene des vaisseaux, huître perliere, autre huître grise, huître perliere violette, la tuilée se trouve fossile sur les côtes de Normandie, huître épineuse, pelure d'oignon. Trois especes de moules, moule blanche à coque élastique, hache d'arme. Petoncles. Arche de

Noé. cœur strié & cannelé, cœur de bœuf, corbeille, la rape, petoncle commun, autre espéce, le peigne, le manteau Ducal. Observations sur les coquillages, sur l'instinct des moules, sur la charniere des coquilles. Madrépores qui ne sont pas attachés au fond de la mer; le champignon, le plumet de trois sortes, le cerveau de Neptune; madrépores attachés, le choufleur, le choux madrépore en spirale, autre semblable à un arbre, la gerbe, le pinceau; madrépore semblable au réséda, autre semblable à une isle, la congellation, madrépore digité, le bois de cerf, la ruche à miel, le corail bleu, corail articulé blanc & noir, végétations coralines. Litophite semblable à une paille, autre croissant comme une forêt de petits arbres. Trois especes d'étoiles marines. Ambre gris. Observations sur les madrépores. *Page* 136

TABLE.

JOURNAL MÉTÉRÉOLOGIQUE

Qualité de l'air.

Juillet 1768. Vent frais. Août, pluie. Septembre, même température. Opinion des Anciens fur la caufe de la végétation. Octobre, terres enfemencées. Novembre, temps variables. Décembre, chaleur, ouragan & fes effets. Janvier 1769, tems chaud. Fevrier, coup de vent, accidents du tonnerre. Mars, chaleur fupportable. Avril, fin de l'Été. Mai, faifon feche. Juin, grains pluvieux. Obfervations fur les qualités de l'air. *Page* 162

LETTRE. XI.

Mœurs des Habitans blancs.

Ouvriers, employés de la Compagnie, marins de la Compagnie, Officiers militaires de la Compagnie, Officiers du Roi, Miffionnaires, Marchands, Européens venus des Indes, Protégés de Paris, Employés & Officiers de la marine du Roi. Officiers arrivés d'Europe, soldats, navigateurs, caractère général. Négligence dans les maisons. Les femmes aiment la danse; jolies, leur société, leurs qualités domestiques, éducation des jeunes créoles. Petit nombre de cultivateurs. *Page* 174

LETTRE XII.

Des Noirs.

Malabares, leurs mœurs. Des Negres, leur caractère, leur industrie, amenés de Madagascar, traitement fait aux esclaves, nourriture, habillement, punition. Du code Noir, des chiens des Noirs, chasse aux Noirs marons, leurs châtiments, affreuse misere des esclaves. *Postscriptum.* Réflexion sur l'esclavage. N'est point nécessaire à l'Isle de France pour l'agriculture; lui est contraire, s'oppose à la population. Le code Noir n'est point obser-

TABLE.

vé. L'esclavage ne peut se justifier ni par la théologie, ni par la politique. Philosophes devroient le combattre, femmes Européennes devroient s'y opposer. *P.* 188

LETTRE XIII.

Agriculture; herbes, légumes & fleurs apportées dans l'Isle.

Division des plantes. Plantes naturalisées; espece d'indigo, pourpier, observation, cresson, dent de lion ou pissenlit, absinthe, molene, squine, observation, herbe blanche, brette de deux sortes. Plantes cultivées dans la campagne; manioc, seconde espece appellée camaignoc, mahis ou bled Turc, bled froment, observation de Pline, riz de sept especes, petit mil, avoine, tabac, fataque. Plantes potageres, utiles par leurs fruits; petits pois, haricots, pois du Cap, autres haricots, feve de marais, autre feve, artichaux, cardons, giromons, concombres, melons, pasteques ou melons d'eau, courges, bringelle ou aubergine de deux sortes, piments des deux especes, ananas, observation, fraises, framboises, framboises de Chine. Plantes utiles par leurs tiges ou feuilles; épinards, cresson des jardins, oseille, cerfeuil, persil, fenouil, céleri, porée, laitues, chicorées, choux-fleurs, chou, pinprenelle, pourpier doré, sauge, asperge. Plantes utiles par leurs racines ou bulbes; carottes, panais, navets, cercifix, radix, raves, rave de Chine, bette-rave, pomme de terre, cambar, patatte, saffran, gimgembre, pistache, observation, ciboules, poireaux, oignons. Plantes à fleurs; reséda, belsamine, tubéreuse, pied d'alouette, grande marguerite de Chine, œillet de la petite espece, grands œillets, lys, anémones, renoncules, œillet d'Inde, rose d'Inde, giroflée, pavots, fleurs d'Afrique, immortelle du Cap, autre immortelle, jonc à fleur, tulipe singuliere, fleur de Chine, aloës de plusieurs especes, observation. *Page* 205

LETTRE XIV.

TABLE
LETTRE XIV.
Arbrisseaux & arbres apportés à l'Isle de France.

Arbrisseaux. Rosiers, rosiers de Chine, jasmin d'Espagne & de France, grenadiers à fleur double & à fruits, myrthe. Cassis, foulsapatte, poincillade, jalap, vigne de Madagascar, variétés de liannes, mougris à fleur double & simple, franchipaniers, lillas des Indes, lillas de Perse, lauriers-thins, lauriers-roses, citronnier, galet, palma-christi, poivrier, arbrisseau de thé, rottin, cotonnier, canne de sucre, caffier. Arbres d'Europe, pins, sapins, chênes, cerisiers, abricotiers, néfliers, pommiers, poiriers, oliviers, muriers, figuiers, vignes, pêchers, observation. Arbres étrangers, lauriers, agathis, polchés, bambous, attiers, mangliers, bannaniers, observation, gouïaviers, jam-roses, papayers mâles & femelles, avocats, jacqs, tamariniers, diverses especes d'orangers, pamplemousses, citronniers,

Part II.   R

cottiers. Obervation, Crable des cocottiers, cocos marin, dattier, palmier d'aracque, palmier du sagou, caneficier, acajou, cannelier, cacaotier, muscadier, giroflier, observation, ravinesara, mangoustan, litchi, arbre de vernis, arbre de suif, citrons en grape, arbre d'argent, bois de tecque, observation. Jardin des Chinois. *Page* 220

LETTRE XV.

Animaux apportés à l'Isle de France.

Poissons; gourami, poissons dorés de Chine. Oiseaux; l'ami du Jardinier, le martin, observation sur l'alouette, corbeau, oiseau du Cap, mésange, cardinal, trois sortes de perdrix, pintades, faisan de Chine, oyes, canards sauvages, canards de Manille, poule d'Europe, poule noire d'Afrique, autre espece de Chine, pigeons, deux especes de tourterelles, lievres, chevres sauvages, cochons marons. Quadrupedes domestiques; moutons, chevres, bœufs, petite espece de bœufs du Bengale, observation sur les salaisons, chevaux, mulets, ânes, ânes sauvages du Cap, chats, chiens, effet du climat sur eux. *Page* 242

LETTRE XVI.
Voyage dans l'Isle.

Départ, arrivée à la grande riviere; voyage à une caverne, sa description, ses dimensions. Voyage à la riviere Noire, sortie du port, mauvais tems, relâche, observation, rembarquement, danger, arrivée à terre, correction du plan de l'Abbé de la Caille. Poisson abondant, voyage aux plaines de Williams, habitant vivant dans une solitude, l'Auteur égaré, arrivée à Palme, plaines de Williams, riviere profonde. 249

LETTRE XVII.
Voyage à pied autour de l'Isle.

Préparatifs, départ, observation, petite riviere, citoyen utile mal recompensé, riviere Belle-Isle. Embarras des voyageurs, plaines Saint-Pierre, observation sur ses productions. Riviere du Dragon, riviere du Galet, observation, anse du Tamarin, observation en note, coquillages, autre observation. Riviere Noire, accident. Islot du morne. Halte, observation. Morne Brabant, famille d'un habitant. Passage dangereux du Cap, Belle-ombre, riviere des Citronniers, observation, pêche de coquillages, Poste-Jacotet, lieu agréable, rencontre d'une malheureuse Negresse, bras de mer de la Savanne, des Negres marons, générosité de deux Negresses; observation, Halte sur le bord de la mer, accident, observation en note, riviere du Poste, l'Auteur indisposé. Bras de mer du Chalan, riviere de la chaux, & des Créoles, habitation des Prêtres, arrivée au Port du Sud-Est, sa description. Baleines, beaux coquillages, comete très-apparente. Paysage du Port du Sud-Est. Halte, mœurs féroces d'une femme Créole.

TABLE

pointe du Diable, grande riviere. Route de Flacq, quatre Cocos, quartier de Flacq, ses productions, Posté de Fayette ; accident arrivé à l'Auteur dans l'anse aux Aigrettes; observation, riviere du Rempart, quartier de la Poudre-d'Or, quartier des Pamplemousses, arrivée au Port; observation sur les Églises & les constructions en charpente ; observation sur la culture de l'Isle. *page 266*

LETTRE XVIII.

Sur le Commerce, l'Agriculture & la défense de l'Isle.

Besoins de l'Isle de France. Note sur son utilité. Son commerce, papier ruineux, Port à nettoyer. Agriculture, abus, agioteur de terres, Loix agraires inutiles. A quoi ont eût pu employer les soldats. Défense de l'Isle, défense de la côte, sa disposition singuliere, moyens

262 TABLE.

naturels de défense trop négligés, défense de l'intérieur de l'Isle & de la Ville. Poste très-avantageux, obstacles que l'ennemi aura à surmonter. De l'Isle de Bourbon. Note. *Page* 315.

Fin de la premiere partie.

TABLE
DES LETTRES,
ET SOMMAIRE DES MATIERES

SECONDE PARTIE.

LETTRE XIX.

Départ pour la France. Arrivée à Bourbon. Ouragan.

OBSERVATION sur l'Insulaire de Taïti, (*) & sur l'utilité d'un dictionnaire encyclopédique des langues. Départ de l'Isle de France; arrivée à Bourbon. Descente difficile à terre, brise forte, ouragan, vaisseaux obligés de quitter la rade. Départ du vaisseau l'Indien. Embarras de l'Auteur; il part pour Saint-Paul. Mauvais chemin,

---

(*) Cet homme est mort de la petite vérole à Bourbon, sur le point de partir pour Taïti.

arrivée à Saint-Paul. Difficultés pour l'embarquement de l'Auteur. Observations sur Bourbon, histoire d'un pirate de Saint-Denis. Mœurs des habitans de Bourbon. Départ de cette Isle. *Page* 1

LETTRE XX.

Départ de Bourbon, Arrivée au Cap.

Observations sur la baye de Saint-Paul. Navigation heureuse. Coup de vent dans le canal de Mosambique, mât de misaine rompu. Terre du Cap. Montagne ressemblante à un Lion. Le vaisseau l'Indien absent du Cap. Montagne de la Table, danger du mouillage, arrivée à terre, spectacle singulier. *page* 24

LETTRE XXI.

Du Cap. Voyage à Constance & à la Montagne de la Table.

De la ville du Cap. Prix des pensions;

jardin de la Compagnie. Voyage à Conſtance, arbres d'argent, fameux vignoble, Bas-Conſtance, différence eſſentielle des deux vins. Neuhauſen jardin de la Compagnie. Voyage à la campagne du Sieur Nedling. Voyage à Tableberg ou montagne de la Table. Obſervation ſur les plantes & le ſol du ſommet. Obſervation ſur les formes des plantes de la montagne du Cap, Vaſco de Gama eſt-il le premier navigateur qui l'ait doublé? Retour à la ville. *Page 33.*

LETTRE XXII.

Qualités de l'air & du ſol du Cap de Bonne-Eſpérance; plantes, inſectes & animaux.

Air pur du Cap; vent de ſud-eſt fréquent. Petite vérole fort dangereuſe. Or de Lagoa, terre ſulfureuſe, pierre à plâtre, cubes noirs. Arbres d'or & d'argent. Arbres rares au Cap hors ceux d'Europe. Fleur ſemblable à un papillon, hyacinthe finguliere, groffe tulipe, arbriffeaux à fleurs de la forme d'un artichaud, autres portants des grappes de fleurs papillonacées. Infectes, belles fauterelles, le canonier fcarabée fingulier. Oifeaux; colibris, oifeaux changeant de couleur trois fois par an, oifeau de Paradis, oifeau appellé l'ami du Jardinier, efpece de tarrin, aigle, oifeau appellé le fecretaire, autruche, cazoar efpece d'autruche couverte de poil, pinguoin, fingularité de fes œufs. Poiffons; nautiles papyracés, tête de médufe, lepas, lithophites, poiffons de la forme d'une lame de couteau, veaux marins, baleines, vaches marines, morues: Quadrupedes; petites tortues de montagne, porc-épics, marmottes, cerfs, chevreuils, ânes fauvages, zebres, caméléopard; bavian, obfervation fur les finges. Animaux domeftiques, chevaux, ânes, bœufs. Obfervation fur la loupe des animaux d'Afrique. Bêtes féroces, efpece de loup. Obfervation de Pline. Caractère du tigre, du lion, armée de cabris & de lions dans l'intérieur de l'Afrique. Pourquoi il n'y a point de grandes nations en Afrique. Etabliſſement des Hollandois dans les terres. Prix des vivres & commerce du Cap. Danger de ſa rade. *Page* 51

LETTRE XXIII.

Eſclaves, Hottentots, Hollandois.

Eſclaves bien traités. Eſclaves Malayes, leur caractère. Hottentots, leur fidelité, leur adreſſe, leurs mœurs, leur phyſionomie, ſingularité de leur langue. Tablier des femmes Hottentotes, fable tirée de Kolben. Obſervation de Pline ſur le ſang des animaux. Engagés de la Compagnie. Mœurs des Hollandois; payſans du Cap. Mlle. Berg, bonne foi des Hollandois. Amour des Hollandois pour la patrie. Egliſe du Cap, refugiés François, mœurs du Gouverneur, ſon caractère. 67

TABLE.

LETTRE XXIV.

Suite de mon Journal au Cap.

Bibliotheque, ménagerie; arrivée d'un vaiſſeau François. Comment les Hollandois conſervent leurs mâts à terre. Arrivée de la Digue flutte du Roi. Offre fait à l'Auteur, parti qu'il prend, préſent que lui fait le Gouverneur. Arrangements pour ſon départ, arrivée du vaiſſeau l'Africain. Il reçoit ſes effets; nouvelles de l'Indien & ſes malheurs, évènement étrange arrivé ſur ce vaiſſeau. *Page* 80.

LETTRE XXV.

Départ du Cap; deſcription de l'Aſcenſion.

Sortie de la baye. Inquiétude du feu; hiſtoire à ce ſujet. Vue de l'Aſcenſion, ſingularité de ſes rivages; frégates familieres. l'Auteur deſcend à terre. Beau ſable, petite faline. Terreur panique, trifteffe du payfage de l'Afcenfion. Tortues viennent au rivage, pêche abondante, matelots fuperftitieux, cancrelas, fcorpion, tythimale. Oifeaux familiers. Ufage fingulier de la graiffe des frégates. Tortues inutiles remifes à la mer. *Page* 87

LETTRE XXVI.

Conjecture fur l'antiquité du fol de l'Afcenfion, de l'Ifle de France, du Cap de Bonne-Efpérance & de l'Europe.

Conjectures par l'affaiffement des collines, par le dépériffement des rochers, par leur profondeur dans le fol. Problême important à réfoudre. Conjectures fur l'antiquité de l'Afcenfion, fur celle de l'Ifle de France, fur celle du Cap de Bonne-Efpérance, obfervation des rochers de la montagne de la Table. Conjecture par la couche végétale ne peut être employée dans les plaines, expérience à faire en Europe, de l'antiquité de l'Europe, roches propres aux expériences. Conjectures sur l'antiquité de sa population, opinion de ceux qui croient le nord de l'Europe anciennement peuplé réfutée. Il n'y a point de monuments dans le nord. Ils sont très-communs en Grece & en Italie, pourquoi. Peuples heureux multiplient & bâtissent. Autels élevés à tous les biens. Homme du Midi allant au Nord, climat affreux, obligé de vivre comme les Lapons. Le Nord de l'Europe sert de refuge aux peuples du Midi. Langue Esclavonne vient du Grec. Note premiere tirée de Pline sur l'antiquité des arts en Europe, & sur celle des végétaux qui servent à nourrir ses habitans. Qu'étoient-ce que les peuples du Nord du tems de Marius. Note seconde, deux strophes du poëme séculaire d'Horace. *Page 97*

TABLE.

LETTRE XXVII.

Obſervations ſur l'Aſcenſion. Départ. Arrivée en France.

L'Aſcenſion utile à quelques animaux; eſt une terre ſans maître, ſert de relâche, qualité de ſon air. Effet de l'attraction des terres obſervé. Bain de ſable calcaire, utile aux ſcorbutiques. Groſſe mer. Danger de la chaloupe, danger du canot; cabris, chiendent. Obſervation ſur les reſtes du volcan de l'Aſcenſion. Conjectures ſur la diſpoſition de ces cendres. Huître appellée la feuille, requins, bourſes, carangues, morenes, qualité de la tortue. Paſſage de la ligne, courans, calmes, grapes de raiſin, plante marine, ſon utilité. Accident du feu, exercice de fuſils, haut-fond apperçu. Gros tems, vue d'un vaiſſeau, vue de terre, grande joie, arrivée. *Page* 115

Explication de quelques termes de marine; à l'usage des lecteurs qui ne sont pas marins.

Bord, maison, porte, Amarrer, amurer, appareiller, arriver, arimage, artimon, Aumônier. Bas bord, bau ou beau, beaupré, beaufoir ou bauffoir, banc de quart, berne, bout dehors, bras, braffe. Caillebotis, calle, callé, cap, cape, carguer, civadiere, coeffé, courant. Déferler, degré, dériver, dunette. Écoute, écoutilles, entrepont, espontilles, est. Fazayer, focq. Galerie, gaillards, garants, grains, grapins. Haubans, hauteur (prendre), hauts-fonds, hiffer, hune (mât de). Iole. Latitude & longitude, ligne, liffes, louvoyer. Mât, matelots, Marquis de Caftries, obfervation fur les noms des vaiffeaux, mouiller, mifaine. Panne (mettre en), perroquet, perruche, plat-bord, plus près (être au), pont. Quarts. Refcifs, riz, roulis. Sabords, fainte-barbe. Tangage, voyez roulis. Vent, (venir au), vergue, virer. *page* 132

Entretiens

TABLE.

Entretiens sur les arbres, les fleurs & les fruits. Dialogue premier, des arbres.

Madrépores, ce que c'est, leur ressemblance avec nos plantes, impuissance de la Chymie. Habitans des plantes ; que les plantes ne sauroient être des machines hydrauliques. Expérience du saule. Industrie des animaux des plantes ; comment & pourquoi ils fabriquent les feuilles, preuves de leur travail dans un arbre greffé, enveloppent leur habitation d'étoffes épaisses ; observation sur l'écorce des arbres des pays chauds. Objection réfutée. Plantes qui grimpent s'élèvent toujours. Observation sur les arbres des montagnes & des valées. Expérience des Chinois. Objections réfutées. *Page* 157.

Dialogue second, des fleurs.

Les habitans des plantes ont des sens comme les autres animaux. Objection. Usage des fleurs du palmier femelle. Du plan des fleurs, de leur forme variée suivant les saisons & les lieux, de leurs couleurs. La couleur noire fort rare, pourquoi. Question sur la beauté des fleurs dont les graines sont inutiles. Pourquoi il n'y a point de fleurs dans les prairies des pays méridionaux. Disposition des fleurs des arbres de l'Inde, de la France & du Nord. Pourquoi les arbres des Indes portent beaucoup de fleurs papillonacées & de fruits légumineux. *Page* 181

Dialogue troisieme. Des fruits.

Pourquoi les animaux sont plus adroits que l'homme ; les plus petits sont les plus rusés, pourquoi. Observation sur la nourriture des jeunes animaux, organisation des graines, industrie commune à celle des insectes. Précautions pour la défense de la graine. Pourquoi la rose a des épines, pourquoi d'autres herbes & buissons en ont pareillement; chûte des fruits, leur roulement, graines qui s'envolent, qui s'élancent, des graines que les oiseaux ressement, de la muscade. Providence admirable. Pourquoi les madrépores ne donnent pas de fruits comme les plantes. Des végétations intérieures de la terre. Pourquoi la trufle n'a ni tige, ni fleur, ni racine. Comment elle se reproduit. Explication de deux phénomènes en botanique. Contradiction du système ordinaire de la végétation. Anatomie des animaux vivans, cruelle & inutile. *Page* 197

LETTRE XXVIII. *& derniere.*

Sur les Voyageurs & les Voyages.

Excuses de l'Auteur devroient être à la fin de son ouvrage. Bonnes censures ressemblent aux dégels. Voyages manquent de modeles pour être bien écrits. Voyageurs estimables. Addisson, Chardin, l'Abbé de Choisi, Tournefort, La Hontan, Léry, leurs qualités & leurs défauts. Voyageurs qui cherchent des antiquités, bons exemple plus profitables ; monuments, qui font ceux dont on doit parler. Homme des villes artificiel, nature négligée, art de rendre la nature manque d'expressions. Voyageurs péchent encore par excès de conjectures. Fruits des bois de l'Isle de France, des buissons du Cap de Bonne-Espérance & des forêts de l'Allemagne de la France & du Nord. Conséquences importantes d'une seule observation. Autre excès dans les récits des Voyageurs. La nature a compensé les climats, inconvéniens des pays chauds, dureté de leur gouvernement. Sites touchants en Finlande, plaisirs de ses habitans en hiver. Exemples de l'amour conjugal. Des plaisirs de Paris, preférable aux autres villes, pourquoi; bonheur de la Campagne, celle du pays natal préférable, pourquoi; heureux qui n'a jamais quitté le toît paternel. *Page* 222

Fin de la Table des matieres de la seconde & de la derniere partie.

SUJET DES PLANCHES
DE LA PREMIERE PARTIE.

LA planche premiere repréſente un voyageur occupé à décrire des coquillages, des plantes, des cartes marines, &c… un Négre ſuppliant lui montre le code noir. On voit à ſes pieds les inſtrumens de l'eſclavage: on lit pour légende: *Homo ſum, humani nihil à me alienum puto.* « Je ſuis « homme, & rien de ce qui intéreſſe les hommes « ne m'eſt étranger. Page 1

La planche ſeconde a pour ſujet les vues des iſles Canaries. 28

La planche troiſieme repréſente quelques coquillages de l'iſle de France, diſpoſés en ordre ſphérique. 146

On voit dans la planche quatrieme une négreſſe avec deux enfans effrayés. Elle porte au cou un collier de fer à trois crochets, d'où deſcend une chaîne qui la prend par la jambe; près d'elle eſt un négre dévorant le cadavre d'un cheval; plus loin un eſclave qu'un Européen fouette ſur une échelle. On voit au fond du payſage les montagnes eſcarpées de l'iſle de France, ſur le devant ſont des balles de caffé. On lit au bas: *Ce qui ſert à vos plaiſirs eſt mouillé de nos larmes.* 199

SUJET DES PLANCHES
DE LA SECONDE PARTIE.

PLANCHE cinquième, famille Hollandoise du Cap de bonne-Epérance. On voit un pere assis au milieu de ses enfans, qui s'empressent à lui témoigner leur amitié. La scène est dans un jardin rempli de fruits. On apperçoit au loin la montagne de la Table & celle du Lion avec ses pavillons de la tête & de la croupe... On lit au bas: *Ils n'ont pas encore mis le bonheur dans des Romans & sur le Théâtre.* *Page 74.*

Dans la planche 6e. sont dessinés d'après nature quatres madrépores & deux lithophites de l'isle de France.

www.ingramcontent.com/pod-product-compliance
Lightning Source LLC
Chambersburg PA
CBHW050649170426
43200CB00008B/1222